観光言語を
考える 山川和彦 編

Kanko Gengo o kangaeru

くろしお出版

はじめに

　流暢な日本語で客室へ案内してくれる外国人スタッフ。車内の表示が英語や中国語、韓国語などで書かれていても、ひらがなを見て駅名を確認し、電車を降りたという留学生。今やどちらも珍しくはありません。

　増加する訪日外国人の対応のために、通訳案内士の制度は大きく変わりました。観光に関連する事項が高校地理の授業に取り入れられる一方で、英語以外の外国語教育の軽視は、ますます進んでいる感があります。自動翻訳装置を使用して接遇しても、微笑みは自動翻訳が示した表現のおかしさだったり……。このように、観光の現場における言語事情は混沌としています。

　2003年、当時の小泉首相が所信表明演説で観光振興に言及して以来、さまざまな観光施策が打ち立てられ、最近では「観光先進国」という表現が使われるようになりました。多言語に関連する施策もありますが、どちらかというと観光の経済性が重視されてきたと思われます。観光は非日常的な空間への移動をともなうため、そこでは必然的に異文化との接触、交流が生じます。つまり、「観光」と「言語」が密接に関係してくるわけです。言語を用いたコミュニケーションの取り方、言語の社会性や言語を使う権利（言語権）などは、外国人、日本人の区別なく考えるべき観光と言語のテーマといえます。日本が観光先進国をめざし、観光を深化させていくには、この根源的な問題領域と向かい合う必要があるのです。このような思いから本書を企画し、観光現場に赴いて研究をされている方々にご執筆いただきました。

　観光学とその関連領域に関わっている学生の皆さんに、そして日々観光の現場に立っている方々や、マネジメントをしている方々にとって、本書が日常の問題解決のヒントになればと願っております。

編著者　山川和彦

目　次

第3部　観光言語の将来

巻頭対談

日本の観光と多言語対応

ポール・ハガート

聞き手：山川和彦

ポール・ハガート (Paul Haggart)

ツーリズム・コンサルタント、NPO 法人コンベンションネットワーク札幌理事。ニュージーランドで旅行会社を設立し、日本人観光客を多く受け入れる。2007 年ニセコに移住。コンドミニアム運営会社のオペレーション・マネジャーや外資系ホテルの総支配人を歴任し、2010 年外国人として初のニセコ町役場商工観光課主査に就任。2016 年 8 月ニセコ町役場を退職し現職。JNTO インバウンドセミナー、札幌北星学園大学での講師も務める。

　ポール・ハガートさんはニセコ町にて長いこと観光振興のお仕事をされてきました。今回は、日本の観光、そして多言語化に関して感じているところを伺います。日本にやってくる外国人旅行者のことを「インバウンド」と呼ぶことがありますが、この表現はもともと旅行業界の専門用語でした。今日ではすっかり定着した感がありますが、日本の観光政策としてインバウンドを強化してからまだ10数年しか経っていません。その意味で、日本の観光関係者はまだまだ学ぶことが多いと思います。特に日本では現場での対応、「おもてなし」が先行している、つまり国際観光のインフラとも言うべきものが統一性なく作られつつあるように感じます。この対談では外国人へのマーケティングなどを行ってきたポール・ハガートさんの鋭い切り口で、今日の日本の観光と言語の問題領域を概観していきます。

「多言語サービス」と「観光公害」

山川：日本ではインバウンドの増加とともに「多言語」という表現が頻繁に使われるようになりました。多言語対応と言いながら、実は英語しか対応していないということもよくあります。そもそも他の国では、外国人に対して多言語対応しているのでしょうか？

ハガート：私の出身のニュージーランド、それからオーストラリアでは、外国人に対して多言語化しているか、というと、必ずしもそのような状況にはありません。山川さんはドイツ語を専攻していたと思いますが、ヨーロッパでも多言語化していないのではないですか？

山川：そうですね。ドイツの駅や列車でも、ドイツ語だけが書かれた表示を今でも目にします。

ハガート：観光は消費行動です。そこには確かに言語サービスが必要で、旅行者の母語で対応してあげれば、旅行者は楽だと思います。ただ、全てが母語で分かってしまうと、「マジック」がなくなってしまうと思います。旅行先でワクワクしたりドキドキしたりするのも、旅の醍醐味でしょう。せめて英語があればなんとかなると思っている人が大半だと思います。

山川：多言語の表記は、そもそも外国人がひとりで移動でき、彼らに地方にも行ってもらおうという政策でなされてきました。ハガートさんがおっ

しゃったように、何もかも分かってしまうと、日本のミステリアスなところがなくなってしまうのかもしれませんね。私がヨーロッパやアジアに行く時、現地の言葉で書かれた表示や、あるいは現地の言葉のアナウンスのほうが、むしろエキゾチックというか、「イタリアに来たぞ！」とか「タイだな！」と感じますね。

ハガート：そうですね、多言語表記は確かに役に立つこともあると思いますが、何でもかんでもいろいろな言語で書けばいいというものではないと思います。必要最低限の情報以外は「観光公害」になります。

山川：「観光公害」ですか。観光公害というと、最近では地元の生活者がバスに乗れないとか、ニセコでいえば家賃が札幌より高くなったとか、観光に起因する不便さを言うことが多いですが、多言語表記も確かに「公害」と言えるかもしれません。最近、電車の中で次の停車駅が日本語、英語、中国語、韓国語で代わる代わる表示されることが増えて、次はどこに止まるの？とイライラすることがあります。お店でも商品説明のポップなどに加えて、熱烈歓迎のような外国語の表記が加わると、文字情報過多で。街中の風景もそうですね。日本語と英語だけなら表示面積が狭くて済むところが、いろいろ書くとなると、どうしても看板が大きくなりますから。

ハガート：おもしろい例をお話ししましょう。山川さんもご存知のように、ヒラフ地区のコンドミニアムのオーナーは外国人富裕層ですね。彼らは家具や家電品を揃えていくわけです。最近はいろいろな機能がついた家電品が増えました。でも、これが厄介なこともあります。

山川：いろいろな機能がついていると、外国人は戸惑うのではありませんか？

ハガート：そうなんです。どういうことかと言いますと、コンドミニアムの管理会社は家電の使い方を英語でマニュアルにしたり、シールを貼ったりしています。ところが、最近の家電品の中にはデジタル表記されるものがありますね。デジタル表示は押すたびに表示が変わっていくた

▲対談は日本語で

め、小さいシールだけで使い方を説明することが難しくなります。そうなると、結果的にシンプルなもののほうが使いやすいということになります。製品に英語がないと、どんなにいい製品でも外国人には使えません。たとえマニュアルが用意されていても、漢字ばかりでアレルギー反応になってしまうことがあります。

山川：最近の家電は機能がいろいろありすぎて、私は使いこなせません。仮に外国語表記があっても大変かもしれませんね。

ハガート：日本ではいろいろな場面で多言語表記があると思います。しかし、私が感じているのは、本当に必要なところに英語がないということです。先ほど申し上げたように、観光は「消費」です。旅行者にいろいろと買ってもらいたいわけです。たとえば、お店でお菓子を買うとします。北海道ではおいしそうなものがいっぱいあります。しかし、パッケージの表を見てお菓子であることは分かったとしても、商品を裏返してみると、何が入っているか分からないことがほとんどです。日本語で成分表が書かれていても、グルテンフリーなのか、塩分はどのくらいなのか、日本語が分からない人にはとても困ります。

外国人旅行者が求める言語対応

山川：ニセコには、富裕層の旅行者も多いと聞きます。中にはわずか数日の滞在で高額のコンドミニアムを買っていく人もいるとか。そのような人には、やはり英語の対応が必要になるのではないでしょうか。

ハガート：そうです。ニセコには富裕層が多く来ています。富裕層にとっては時間が重要で、彼らが求めることにスピーディーに対応できる英語能力が必要となります。ニセコには、旅行者だけではなく、生活している外国人も多くいます。そのため、ごみの捨て方など細かいルールを説明する必要が生じます。こうなると、日本人にも英語力が求められます。身振り手振りでは通じません。しかし、富裕層は得てして時間がありません。自分の知りたいことに対して、すぐに答えが欲しい。片言の英語で、あれこれと説明を受ける余裕はないわけです。

山川：そうかもしれません。私は富裕層という意識は持っていませんが、外

国に行った際、片言の日本語であれこれと言われるのなら、「英語でさっ
さと言って！」と思うことはたびたびあります。私の場合はせっかちなも
ので……。

ハガート：富裕層だけではないですね。そもそもニセコに来る人はスキーが
目的です。目的があると、自分の言っていることを理解できない人に時間
をかけたくない、スキーをしていたい、端的にものを知りたいということ
になります。

「おもてなし」のための言語

山川：ハガートさんは、観光関係の仕事で、講演をされることもあるようで
すが……。

ハガート：ええ、先日は「おもてなし」の話をしました。ちょっとご紹介し
ましょう。「おもてなし」というのは「箱の中に入れようとする考え方」
とも言えます。

山川：「箱」ですか。

ハガート：そうです。相手のためにいろいろしているように思えますが、お
客様の視点が欠けていることもあります。裏返して言うと、自分たちが困
らないためにしているとも言えます。たとえば、旅館を予約したとしま
す。宿泊する前日に、到着時刻や食べ物に関して、問い合わせの電話や
メールが来ることがあります。これは客にとって迷惑になることもあるの
です。メールの最後に "We are waiting for you." とあると、お客さんは急
がなければならないという印象を受けてしまいます。

山川：確かに、「待っています」と言われると、無意識のうちに「約束の時
間に遅れた？」と感じるかもしれません。

ハガート：また、お店でちょっとしたことを尋ねた時に、いろいろな人が出
てきて対応しようとすると、尋ねたほうは恥ずかしいし、困惑してしまい
ます。おもてなしするほうは、突然起きることへの対応ができていませ
ん。臨機応変の対応ができるようにしておく必要があります。

山川：私もそのような経験はよくあります。タイのアユタヤで、ある寺院の
ことをもう少し詳しく知りたかったので質問したところ、現地のガイドさ

んは覚えた日本語以外はしどろもどろになってしまいました。結局、何を言っているのか分からず、暗黙のうちに質問はしてはいけないのだなぁと思った次第です。

ハガート：パターン化された表現をそのまま覚えるのはいいのですが、使うべき必要な場面が関係してきます。そもそもお客さんは、休暇、ホリデーに来ています。それにふさわしいアナウンスと、あってはならないアナウンスがあると思います。たとえば、防災に関することはきちんと伝えなければなりませんが、「朝食のお時間です！」と館内放送が流れるのはいかがでしょうか。ゆっくり寝ていたいのに……。広い意味で相手の生活圏の「文化」と関係していると言ってもいいのかもしれません。

観光地の国際化

山川：外国人が増加するにつれて、地域の多国籍化も進んでいますね。

ハガート：私が住んでいるニセコ町を見ますと、ニセコに来る外国人といえば、10 年前はオーストラリアが中心でした。しかし今は、世界中から人が来ています。アジアはもちろんですが、フランス、北欧などスキーリゾートがあるヨーロッパからも旅行者が来ています。確かに多国籍化が進んでいます。

山川：多国籍化が進むと、英語能力のある人材がより求められるのでしょうか？

ハガート：もちろん英語は必要ですが、たとえばコンドミニアムのマネジメント会社では、さまざまな言語ができる人を求めています。中国語や広東語、ドイツ語もです。顧客ニーズに合った人材ということになると、都会から人材を引っ張ってくる必要があります。でも、そのような人はなかなか地方には来てくれません。地方のブランド力が必要なん

▲ニセコビレッジスキーリゾートの
多言語表記

ですね。ニセコにも、パークハイアットニセコ HANAZONO がオープン
しました。今後、ザ・リッツ・カールトンリザーブ・ニセコビレッジが開
業すると変わると思います。今までは「地方から都心に出て行って、そこ
から海外へ」という構図だったと思いますが、これからは地方から始ま
る、都会を飛び越して海外が直接結びつくことになるだろうと思います。

山川：外国人が多くなって、多言語化と言いながらも、一方で、英語以外の
　　言葉を重要視していく風潮はないですね。大学では、以前より英語以外の
　　言語の学習機会が少なくなっています。多様性にこそ意義があるような気
　　がするのですが。

ハガート：そうですか。先ほど英語の話をしましたが、ニセコには英語はあ
　　りますが、他の言語は少ないです。たとえば英語を母語としないロシア人
　　や韓国人は自分の言語で情報を得たいのに、母語では情報が出てこないと
　　思っているでしょう。英語で情報発信がなされていても、知りたい情報が
　　母語で書かれていないので楽しめない。また、私は今のニセコを見てい
　　て、「英語化」したリゾートが今度は「日本語化」しないと、本当の国際
　　リゾートにはならないと思っているのです。ちゃんとしたマネジメント会
　　社は、日本語にも重点を置いています。英語だけでは日本人がこちらに来
　　られません。海外の言語も重要ですが、日本語も重要です。

山川：ニセコに限って言えば、外国のようだとか、日本人よりも外国人に会
　　うほうが多いとか言われていますね。外国人が多くて、日本人が別のス
　　キー場に行ってしまうという話も聞いたことがあります。

ハガート：2019 年の冬は、外国人も多かったのですが、日本人も今まで以
　　上に多く来ています。あるレストランのオーナーから聞いた話ですが、ス
　　タッフが外国人なので日本人からクレームが来ているそうです。国際化し
　　て外国人が働くようになったのはいいのですが、地域の人々や日本人旅行
　　者とのコミュニケーションの取り方をこれから学ぶ必要があるのかもしれ
　　ません。

山川：ヒルトンニセコビレッジでは、日本語を話せないスタッフが研修で来
　　ていますね。先日、私が宿泊した際には、レストランでもチェックアウト
　　の時でも英語で話しかけられました。タイ人のスタッフでした。世界的な
　　チェーンホテルなので、研修に来ていると言っていましたが、一瞬「バン

コクにいるんだっけ」と思ったことがあります。

ハガート：観光客が増加することで、ホテル、レストランなどの業種で外国語のニーズが高まります。次に病院。スキーでけがをする人がいるわけです。そこから周辺の業種にも広がっています。観光というのは、いろいろな仕事に関係しています。たとえばガソリンスタンドに給油にくる車を見ると、けっこうレンタカーが多いです。それなのに、ニセコのガソリンスタンドの給油画面に英語が入ったのはつい最近です。外国人が新車を買いたいということもあります。観光が経済を回しているのですが、同時に今まで英語で考える必要がなかった人たちが、英語で対応しなければならなくなったとも言えます。

観光における言語権とコミュニティ・ベースド・ツーリズム

山川：少し話題を変えます。私は観光と言語のことを研究領域にしていますが、もともとヨーロッパの言語的少数集団のことを研究していました。少数集団という意味では、旅行者も少数集団、マイノリティーであると思います。マイノリティーといえども、自分の母語を使える権利を有していると思います。ある意味で言語権と言われるものです。

ハガート：今、山川さんが言った言語権というのは重要だと思います。たとえば旅行者はレストランで好きなもの、体に合ったものを食べる権利があります。したがって、行政はメニューをサポートする必要があります。ニセコ町に勤めていた時、町内の飲食店のメニューを翻訳する活動をしたことがあります。このサポートでお客さんの消費額が変わるんです。ただ、大変だったのは日本のメニューは情緒的な表現が多いですね。「シェフの○○風」とか。

山川：そうですね。食は生死にも関係してきますから。旅行者をサポートする責任があると言えるのかもしれません。

ハガート：先日、四国の中村にある居酒屋へ行きました。カツオのたたきがうまいんですが、それはその居酒屋でいろいろな話が聞けたからです。ストーリーが伝わってくると、料理がいっそうおいしくなる。そういう人間の語りを伝えられるかが重要です。言語を豊富に学ばないと、雰囲気まで

伝わらないですね。表面的な多言語化ではなく、お客様との接点を持つ。つまり「人」がキーです。料理の裏のストーリーは、言語がなければ深まりません。ただの「味」で終わってしまいます。料理がおいしいと感じる時、そこには、「人」が入ってくる。シェフやウェイターと話ができるとリピーターになるわけです。それがコミュニケーションです。今の日本のツーリズムにはコンテンツはありますが、「人」を深く知ることが欠けています。

山川：料理に人が関わってくるというのは、その通りだと思います。おいしいものを食べてもそれが何なのか、どうやって料理しているのかを聞くことも少なくなったような気がします。ニセコだと、いろいろなことを聞いてみたいと思う外国人は多いのかもしれませんね。私は地域の人と接点を持ちながら旅行を楽しんでもらうコミュニティ・ベースド・ツーリズムということを言っているのですが、まさにハガートさんの今のお話は、私が思っていることと同じでした。そのための教育に苦労しています。旅行というと「キラキラしたもの」という思いがあるようですが、大事なのは「地域」をしっかり見る、私の言い方で「観光は現場だ！」と教えています。

ハガート：私も「地域」を学ぶことが大切だと思います。言語と同時に日本の社会システムも変えないと。地方へ行くと、歴史的なしきたりが多くなりますね。私は、6年前から人材育成の観点でスタッフトレーニングを行ってきました。その際、まず地域を学び、その上で接遇してもらうことを心がけました。ホテルスタッフは外から来ているので地域を知りません。働く人と住民が地域を再発見することが必要です。

山川：ハガートさんとお話をしていると、時間の経つのをすっかり忘れてしまいます。本日は大変興味深い視点でお話を伺うことができました。どうもありがとうございました。

第1部

観光現場の言語に
何が起こっているのか

▶ 旅行者が訪れる地域、観光・宿泊施設などにある言語表示や、ピク
トグラム、音声案内などは、旅行者にとって有益に機能しているで
しょうか。

▶ 言葉の通じない旅先で、すべての言語的障壁は取り払われるべきで
しょうか。地元の人と少しでも話ができた時、旅の満足度が上がっ
たという経験はありませんか。「言葉が通じる／通じない」と「旅行
経験の満足／不満足」という二つの軸で、さまざまな場面を考えて
みましょう。

第1章

言語景観とは何か

まちにあふれる言語

山川和彦・藤井久美子

空港や駅では日本語に英語、中国語、韓国語等を併記した多言語表示が多くあります。多言語表示が繁雑になるのを避けるために、ピクトグラムが使われることもあります。外国人旅行者が立ち寄る商店では、顧客に対応してタイ語、ベトナム語、ロシア語などを記載した商品説明（POP）も珍しくありません。一方で、外国人に対する注意勧告が特定の言語で書かれていることも多々あります。また、特定の外国語表記が多く掲げられると地域の特性を表すことにもなります。本章では、多言語表記がどのようなものか考えていきます。

1.　はじめに

まず写真1を見てください。この写真から何が見えてくるでしょうか？

写真1　チャイナタウンの風景 (2019年11月撮影)

　読者の皆さんは「ここはどこ？もしかして香港、シンガポール……？」などと思われるのではないでしょうか。そのように感じられるのは、漢字で書かれた看板が所狭しとかかっているからかもしれません。街の中にある看板や掲示はその場所を特徴づけているのです。さて、この写真を撮影した場所はバンコクのチャイナタウン、ヤワラートと呼ばれているエリアです。よく見るとタイ語表記の看板もあることがわかると思います。

　このような公共空間に掲げられている言語表示を「言語景観 (linguistic landscape)」と呼びます。表示物の集合体であったり、ほかの建物などの風景と一体化したりするので「景観」という表現を用います。言語景観という言い方は聞き慣れないかもしれませんが、地域社会の特性を理解する上で重要なものです。この章では、いくつかの言語景観を例として、観光客対応の現状と課題について取り上げていきます。

2.　言語景観が意味するもの

　具体的な言語景観の事例を取り上げる前に、学術的な見解を述べておきます。この分野の研究でよく引用されるのが、正井泰夫の『東京の生活地図』（1972 年）という本です。正井は都市地理学者でありながら言語地理学にも関心を持ち、高度成長期に変貌していく都市景観を言語に着目して描いています。その著作の中で、場の雰囲気を示す道具として外国語を用いていることに触れ、外国語表記が新鮮で、地域の斬新さを特徴づけていると記しています。そもそも「景観」という概念は地理学の基礎概念で、景観という言い方をする以上は、表示物に記載されている言語やその内容だけではなく、表示物の周囲全体で考えるべきものです。表示を見る側も、作成する側も、その「場」の持つ雰囲気も考慮することになります。表示に加えて、文字以外の視覚的効果、アナウンスや呼び掛け、料理のにおいなどが、その「場」の構成要素になっていきます。言語景観もその「場」のひとつです。

　それから 30 年以上経って、日本の言語景観研究をまとめた書籍が出版されました（庄司・バックハウス・クルマス編 2009）。その中で言語景観には注目すべき要素が 3 つあると指摘されています。1 つ目は、1960 年代から一部地域の看板などで顕著に見られた英語を含む西洋言語の使用です。これは日本人を対象とした装飾的な外国語使用で、言語景観の「西欧化」と言うことができます[1]。2 つ目は、1980 年代、増加する外国人住民のための多言語表示が出現するようになり、言語景観の「国際化」が見られるようになってきたことです。これは「言語サービス」という概念と関係してきます。この時点では、生活する住民のための外国語表示であり、観光客の存在はまだ意識されていません。3 つ目は、言語景観の「多民族化」と名付けられるものです。これは、日本に在住する外国人が主にコミュニティ内の情報交換のために掲げる表示で、在日韓国・朝鮮人コミュニティによるもの（コリアンタウン）、中華系の人々によるもの（中華街）、また、日系ブラジル人によるものなどが挙げられます。外国人住民のための店舗が集まっていたところが観光地化してくることもあり[2]、そこを訪れる観光客にとっては、外国語で書かれた景観そのものが被写体化していきます。

　さらに庄司ほか編（2009）が指摘した 3 つの要素に加え、近年増加してい

る訪日外国人旅行者に向けられている表示があります。たとえば「Welcome 熱烈歓迎」のようなものです。公共空間や商業施設、小売店に至るまでさまざまなところで、それが形式的なものであれ、多言語表示を掲げることが増えました。こうした現象は、言語景観の新たな段階を示すものとして、言語景観の「観光化」と言ってもいいでしょう。これについては、以下の節で取り上げていきます。

3. 公共空間の言語表示

　場所になじみのない旅行者となれば、市中の標識だけではなく、ガイドブックや地図、特に最近ではスマートフォンの位置情報システムなどを活用しながら、目的地にたどり着くことになるでしょう。つまり、各種媒体の相互補完が行われます。今後はより一層スマートフォンを利用した道探しが一般化するかもしれません。そうなると、身の回りの景観に留意することも少なくなり、多言語表示の仕方も工夫する必要が生じるかもしれませんが、ここでは今までの経緯を踏まえ公共空間の言語表示について整理してみます。

　2005年、国土交通省は「観光活性化標識ガイドライン」を発表しました。そして2006年、公共交通機関に関して「公共交通機関における外国語等による情報提供促進措置ガイドライン —— 外国人がひとり歩きできる公共交通の実現に向けて」が作成されています。そこでは標識の「表記方法」として「ユニバーサルデザインの観点から日本語、英語及びピクトグラム（絵文字・視覚記号）の3種類による表記を基本とし、必要に応じて、多言語表記や音声案内等の活用を検討する」と定められました。これ以降、日本では、外国語の中では英語を表示することが標準となります。その上で地域事情や旅行者の利便性を加味して、中国語や韓国語なども加えられています。これらのガイドラインには、掲示の見やすさ、情報内容の統一性やデザイン（文字の大きさ）、目的地までの一貫した誘導などが合わせて示されています。

3.1 公共交通の多言語表記

　次の写真2と写真3を見てください。写真2は東京駅の新幹線（JR東日本）の改札入り口、写真3は佐賀県の久留米駅（JR九州）の改札横です。

写真 2　新幹線の案内表示
（JR 東日本・東京駅、2019 年 9 月撮影）

写真 3　九州新幹線への案内表示
（JR 九州・久留米駅、2020 年 2 月撮影）

　同じ新幹線でも、4 言語の表示順が異なることに気付くでしょう。写真 2 では、日本語の次に英語、中国語、韓国語の順に書かれています。一方、写真 3 を見ると、「新幹線のりば」という言葉が、英語、韓国語、中国語の順に出てきます。九州では、韓国と地理的に近いことから、特に九州北部では、韓国語が重視されています。このように、JR のような公共交通機関であっても、表示に差が見られます。また、同じ JR でも常に 4 言語で表記されているわけではありません。写真 4 は東京駅構内北通路の山手線のホームを示すものですが、ここは日本語と英語の 2 言語併記でありながら、日本語にある「外回り」という説明が、英語にはありません。日本人と外国人とでは必要とされる情報が異なることから、表記に差があるものと思われます。いずれにしても設置者が利用者の利便性を考えて、言語の選択、表示内容の設定を行っています。なお、公共交通機関ではナンバリングが導入されています。駅名に加えて記号と番号3)で表示をすることにより、外国人にもわかりやすくしています。

写真 4　JR 山手線のホーム案内表示
（東京駅、2019 年 9 月撮影）

3.2 観光地の多言語表記

　次にいくつかの観光地の事例を見てみます。観光地に設置されている看板や表示物は、対象とする旅行者が想定されていることがあります。

　まず、写真5は佐賀県鹿島市にある祐徳稲荷神社付近の商店の表示です。ここはタイで上映された映画[4] のロケ地になったことから、タイ人旅行者が多く訪れるようになりました。参道に広がる商店では共通してこの掲示で歓迎の意を伝え、神社ではお守りの説明にタイ語を併記しています。次に、写真6は長崎市内のファストフード店の外に掲示されていたものです。この表示では日本語表記がなく、上部に中国語（簡体字）と下部に英語が書かれ、店舗利用に関するお願い事項が書かれています。表示は手書きで書かれていて、店舗側の切羽詰まった状況が伝わってきます。

写真5　タイ語を入れた商店の表示　　　　写真6　外国人向けの手書き表示
（2018年10月撮影）　　　　　　　　　　（2016年10月撮影）

　この商店街にある別の店で聞き取りをしたところ、「隣国」からの外国人旅行者の行動に困惑しているとのことで、市内の観光施設周辺でも中国語による掲示物が目にとまりました。その内容からして、掲示は主たる旅行者に対する注意喚起や禁止といった内容です[5]。その場所においてこのような表示をせざるを得ない事情が発生していることが考えられます。北海道では、ロシア語のみによる表記が掲げられている場合があります。特に漁船が入港するのと関係があるようです。

　観光地の多言語表記の中には、写真6のように手書きされた表示も散見されます。この掲示はしっかりと固定されるような看板ではないので、いわ

ば臨時的掲示とでも呼べるものですが、この類いには言語的な誤りがある場合もあります。近年では自動翻訳ツールの性能も上がっていますが、自動翻訳したものをそのまま掲示すると誤解を生む可能性があると認識したほうがいいでしょう。文法的な誤りというわけではありませんが、台湾人旅行者が多い地域に簡体字の掲示が多く見受けられる例もあります。中国語の漢字には簡体字と繁体字があり、簡体字は中華人民共和国、繁体字は台湾が代表的な使用地域です。これに関連して、言語にあわせて国旗を表示する場合がありますが、特に中国語を示すための国旗使用については注意を要します[6]。

　このような多言語表示は日本だけのことではありません。特に国際旅客の多い空港などの施設では、複数の言語で表記がある場合も多々あります。写真7はイギリスにあるグロスター大聖堂の入り口にある表示です。

写真7　イギリス・グロスター大聖堂の入り口の多言語表示
（2018年3月齋藤彩花撮影）

イギリスであれば英語の表示だけでいいのかもしれませんが、ここには
ヨーロッパや中東、アジアの言語での表記もなされています。想定される訪
問者への歓迎の意を表していると言えそうです。

3.3 方言記載の事例

写真8を見てください。これは沖
縄県新石垣空港の写真です。到着ゲー
トを出ると、目の前に「おーりとーり
八重山へ」と書かれた横断幕が掲げら
れています。旅行者に向けて「八重山
にいらっしゃい！」と歓迎の意を伝え
ています。この「おーりとーり」とい
う表現は、石垣を含む八重山地方の方
言で、空港だけでなく石垣市の街中で
よく目にします。ちなみに沖縄本島で

写真8　新石垣空港ターミナルビルの
横断幕 (2019年9月撮影)

は「めんそーれ」となるところです。このような方言の表記は沖縄に限らず
見られると井上ほか (2013) は書いています。では、この横断幕の設置者の
意図はどういうところにあるのでしょうか。そして、これを見た人はどう思
うのでしょうか。石垣島の人にとっては歓迎の意を地元の言葉で伝えたいと
いう思いがくみ取れます。観光客からすると、旅行の本質である非日常性を
感じることになると思われます[7]。

3.4 法的な多言語表示

日本以外の国では、複数の言語で表示することが法的に義務づけられてい
る地域もあります。たとえばイタリアの Alto Adige/Südtirol 県 (イタリア語
名アルト・アーディジェ、ドイツ語名南チロル) では、公的な表示などはイ
タリア語とドイツ語との併記が義務づけられています。ここでは、ドイツ語
集団の権利を保障する規定があり、併記が義務づけられているわけです[8]。
言語は地域に生活する集団のアイデンティティとも言えるため、併記は極め
て重要なこととなっています。このような事例はヨーロッパの言語的少数集
団が居住する地域ではよく見られることです。

　また、タイには看板税という税があり、タイ語が一番上に書かれていると
看板に対する税金が安いという仕組みになっています。そこで日本語やアル
ファベットが書かれた看板でも、一番上の右側に小さくタイ文字で書かれた
タイ語表現を入れるのが普通です。

4.　エリアを生成する言語景観

　ここまで方言を含めさまざまな言語を記載した掲示物を見てきましたが、
2 節で述べたように言語景観はその地域の全体性と関係するものです。ここ
では個々の掲示を考察するのではなく、複数の掲示が群となると、どのよう
に見えてくるのか考えてみます。例に挙げるのは東京都新宿区、JR 新大久
保駅周辺です。一般的にコリアンタウンと言われ、韓流ブームにのり、飲
食店を含め多くの店舗が展開していま
す。図 1 は新大久保駅周辺のイメー
ジ図です。山手線の内側（図の ABC
がある側）には韓国に関連するショッ
プが多く展開し、韓流ファンが多く訪
れます。

　このエリアの写真を見てみましょ
う。写真 9 は新大久保駅から 120m ほ
ど東に行った A 地点です。写真の左
側の中央に韓国語が書かれているのが
わかると思います。この周辺では、韓
国語が書かれた看板が目につきます。
店舗で販売しているものや、看板等の
表記が一体となってコリアンタウンと

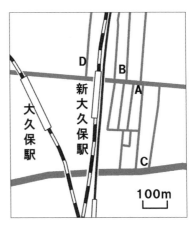

図 1　新大久保駅周辺図 (山川作成)

いうイメージを作り、観光地化していきます。休日になると人出も多く、人
気店舗においては客が列をなしています。ただし、一般住民にとっては迷惑
になることもあり、B 地点で撮影した写真 10 からその様子が察せられます。

写真9　大久保通りのハングルで書かれた看板
（2019年11月撮影）

写真10　観光客向けの注意
勧告（2019年11月撮影）

　写真11はC地点で撮影した掲示板です。貼られているポスターはほぼ韓国語だけで書かれています。

写真11　韓国語だけによる催し案内（2019年11月撮影）

　地図ＡからＣのエリアを歩いてみますと、飲食店では店頭においたメニューには、日本語だけの場合、日本語の次に韓国語を併記する場合、韓国語に日本語が併記されている場合があり、訪問者が日本人だけではないことがわかります。

　新大久保駅の西側 D 地点の風景が、写真 12 です。

写真 12　新大久保駅西側の多言語空間（2020 年 1 月撮影）

　よく見るとトルコやアラブという表現があります。新大久保駅の西側から大久保駅のエリアには、ハラル商品を扱う店舗やビザ手続きを行う事務所、安価な携帯電話の販売など、外国人生活者向けの店舗が多く、看板に使用される言語も韓国語よりは中国語表示、ネパールやベトナムの国旗も表示され、同じ新大久保駅周辺で違った言語景観が見えます。

　このエリアを歩くと、日本語に加えて韓国語や中国語を話す人とすれ違います。このような一連の看板や表示が相まって、独特の言語景観を形成しています。そして、その言語景観ゆえに、コリアンタウンのイメージを生成しているとも言えます。

　もう 1 つ、ドイツ・デュッセルドルフの事例を紹介します。デュッセル

ドルフ市は日本人が多く居住する都市です。ドイツでは日本やアジアの都市のように看板を大きく出すことは必ずしも多くありませんが、日本語が記載された表示を見てみましょう。写真 13 では日本人を対象としたビジネスが展開されていることがわかると思います。この店舗の近くで撮影したのが写真 14 のラーメン店です。ここでは入り口に手書きで表示がなされています。コリアンタウンやチャイナタウンほどはインパクトがありませんが、漢字や仮名が書かれていることから、地元のドイツ人にはここのエリアが日本、あるはアジアのどこかと関連していると思われることでしょう。

写真 13　日本語を掲げる旅行会社の看板
（デュッセルドルフ、2018 年 5 月撮影）

写真 14　四言語で指示が書かれたラーメン店の表示
（デュッセルドルフ、2018 年 5 月撮影）

　もう一点ここで指摘しておきたいの
は、写真 15 です。

　これはデュッセルドルフ中央駅近く
の道路名表示です。一番上に道路名
が、そして路上駐車できる P のマー
クの下には諸条件がドイツ語で書か
れ、英語は併記されていません。

　デュッセルドルフといえばノルトラ
イン・ヴェストファーレン州の州都で
あり、経済の中心でもあります。その
ような都市でも、必ずしも多言語表示
されているわけではないのです。

写真 15　市街地の道路標示と標識
（デュッセルドルフ、2018 年 5 月撮影）

5.　多言語表示の課題 ── 観光客のための言語景観作り

　これまで取り上げてきたように、公共空間においては多言語表示が一般化
してきたように思えます。その言語表示は、外国人旅行者、外国籍住民あ る
いは日本人の旅行者を対象としたりしています。地域によってそれらの区別
はつかないこともあります。共通して言えるのは、このような多言語表示は
設置者の視線で製作されているということです。したがって旅行者にとって
見やすい、適正であるかということの検証がまず必要になるはずです。その
上で、以下に述べるような確認ポイントがあると思います。

　第一に、言語選択の問題が挙げられます。上述したように公共交通機関で
は、ガイドラインが設けられています。旅行者の母語で書かれた表示がある
と利便性は高いと思われますが、多言語表示にも物理的制約がつきもので、
言語を増やせばいいというものではありません。つまり空間的な繁雑さとい
う第二の課題が出てきます。繁雑な表示になると見づらくなり、それだけで
伝達性が低下することになりますし、地域の景観を損ねることになれば、か
えって観光地の評価を下げることにもなりかねません。これは固定された表
示だけではなく、多言語が順番に表示されるようなデジタルサイネージ（電

子看板）においても当てはまります。表
示言語数が多くなると、日本人利用者に
不便を強いることになりかねません。英
語表記だけになるとすっきりしますが、
旅行者を受け入れるホストとしては、お
もてなしに欠けると感じることがあるの
かもしれません。ただ、多言語表示に関
しては技術の進展により、QRコードで
多言語対応する方法も、今後普及する可
能性があります（写真16）。

写真16　言語別サイトに誘導する
QRコード
（東京駅、2019年9月撮影）

　第三に、表示内容の適正性を挙げるこ
とができます。日本語で書かれた内容
と、外国語で書かれた内容が異なる場合
があります。さらに表記された外国語の
表現が適切であるかどうかという社会言
語学的な課題も出てきます。観光客に対して警告や禁止事項のみを表示して
いくのは、必ずしも歓迎されないのではないでしょうか。観光客は休暇で来
ているのです。また、設置者は何気なく表示したつもりでも、差別的表現に
思われることもあり得ます。外国人利用者も多いドラッグストアで万引きに
対する注意書きが、日本語、英語、中国語、ベトナム語で書かれているのを
見たことがあります。日本語、英語、中国語、韓国語の4言語表記が一般
化している中、韓国語ではなくベトナム語が入っていることで、差別的と感
じるベトナム人もいるかもしれません。

　なお、注意や禁止などの表示においては、文字だけではなくイラストを併
用することもひとつの方法だと言えます。写真17と写真18はともにシン
ガポールの地下鉄内の優先席を示す表示です。ピクトグラムだけではなくイ
ラストを入れて「席をお譲りください」とした写真18のほうが、より譲り
やすくなった感じがしませんか。

写真 17　優先席の表示 1　　　　　写真 18　優先席の表示 2
（シンガポール、2019 年 1 月撮影）　　（シンガポール、2019 年 1 月撮影）

　第四として、表示の連続性が挙げられます。誘導表示が途中でなくなって
しまい、目的の場所にたどり着きにくいということがままあります。ほかに
も、複数の鉄道会社が乗り入れている駅を想像してください。券売機の多言
語対応の状況と操作は、鉄道会社によって異なっています。操作のはじめに
自分の母語を選んでも、途中から英語だけになってしまうこともあるようで
す。なお、台湾・台北の地下鉄の自動販売機では、日本語を選択すると、日
本語の表示と合わせて音声案内もされます。

　第五として、多言語表示のある空間性を指摘できます。言語景観が地域と
連動することを述べましたが、店舗ごとに表示する言語がバラバラであるよ
りも、エリアである程度、多言語表示の方法などを統一していくことが今後
求められてくると思います。観光地では日本版 DMO[9] が形成されていると
ころもありますので、このような組織が言語景観に関して配慮することが外
国人に快適性を提供することにつながると言えます。

　第六として、緊急時の避難経路や救急病院など緊急性のある指示をする掲
示は目立つようにすると同時に、観光案内所やホテルなどで、この表示が緊
急時のものであると示しておく必要もあると思います。

6. おわりに

　この章では言語景観に関して、その現状と課題、特に観光客という視点から取り上げてきました。日常化してきた多言語表記ですが、そこにはこれから解決していかなければならない課題があることがおわかりいただけたと思います。本文では指摘しませんでしたが、文字情報と合わせて多言語による音声案内も行われつつあります。特に最近では、自動翻訳と連動して多言語による館内放送ができるシステムも開発されています。また、視覚障害者には文字表示ではない方法で対応することが求められてきます。これからは表示物を撮影して自動翻訳ソフトを活用し、母語に変換するという行動も普通になるでしょう。さまざまな表示方法、音声案内なども複合的に活用しながら、地域に不慣れな旅行者を支援したり、地域イメージを醸成していったりすることが求められると思います。

[注]

1) このような装飾性は外国でも見受けられます。たとえばタイでは、看板に日本語表記を伴うことでクオリティを PR する店舗があります。
2) 東京都豊島区池袋駅北口、埼玉県西川口駅西口周辺などがその一例として挙げられます。
3) たとえば JR 山手線は「JY」。ただ、東京駅のように複数の路線がある場合、同じ駅を表すにもナンバリングが異なるという課題もあります。JR の東京駅は「JY01」、「JK26」(京浜東北線)、東京メトロ丸ノ内線では「M17」です。
4) 2014 年 2 月に封切りとなった「タイムライン」のロケ地となりました。ロケ地と観光客の急増は日本人にも当てはまり、「冬のソナタ」のブームと韓国訪問もその一例です。
5) 取材日には大型クルーズ船が入港していたため、この掲示がなされていた可能性もあります。
6) 中国語を話せるという意味で、名札に中国の国旗を使うことがあります。しかしこれは、台湾や香港出身者への配慮がなされていないとも言えます。また、Web サイトでは国旗で言語選択を表示することがありますが、公用語がドイツ語であるオーストリアでは、ドイツ国旗ではなくオーストリア国旗でドイツ語を示すことがあります。
7) 地域性は方言だけではなく、音楽や模様などによっても表されます。たとえば、沖縄県のゆいレールで駅到着時に流れる沖縄民謡のチャイムや、石垣市でのミン

　サーの図柄がその例です。
8)　詳細は、山川和彦 (2005)「南チロル —— 自治獲得から地域的結束へ」綾部恒夫
　　（監修）、原聖・庄司博史（編）『ヨーロッパ（講座世界の先住民族　ファースト・
　　ピープルズの現在　第 6 巻)』（明石書店）を参照。
9)　DMO (Destination Management Organization) は、観光地域作りのまとめ役となる法
　　人。観光庁「日本版 DMO とは？」<http://www.mlit.go.jp/kankocho/page04_000048.html>
　　（2020 年 3 月 9 日閲覧）

参考文献

井上史雄・大橋敦夫・田中宣廣・日高貢一郎・山下暁美 (2013)『魅せる方言 —— 地域
　　語の底力』三省堂
国土交通省 (2005)「観光活性化標識ガイドライン」<https://www.mlit.go.jp/kankocho/
　　shisaku/kankochi/guideline.html>（2020 年 3 月 9 日閲覧）
国土交通省総合政策局観光地域振興課 (2006)「公共交通機関における外国語等による
　　情報提供促進措置ガイドライン —— 外国人がひとり歩きできる公共交通の実現に
　　向けて」<https://www.mlit.go.jp/kankocho/shisaku/kokusai/koukyou.html>（2020 年 3 月 9 日
　　閲覧）
正井泰夫 (1972)『東京の生活地図』時事通信社
庄司博史・P. バックハウス・F. クルマス（編）(2009)『日本の言語景観』三元社
山下清海 (2008)『エスニック・ワールド —— 世界と日本のエスニック社会』明石書店

第**2**章

観光地における
言語対応

まちなかの取り組み

藤田玲子・本田量久

　訪日観光客の急増は、日本の各地にさまざまな変容を起こしています。訪日外国人の地域への分散という政府の戦略や、FIT (Free Independent/Individual Traveler; 個人旅行者)[1] の増加が追い風になり、今まで外国人には縁のなかったような地域にも、今や訪日外国人が訪れるようになりました[2]。その結果、各地域ではその対応に迫られています。今までモノリンガルの単一文化であった場所に外部から異文化が流入する際は抵抗や不安などがつきものです。言語の対応も大きな課題となり、その解決も一朝一夕でできることではありません。この章では、3 つの地域における現状や応対の取り組みを紹介し、まちなかの言語対応の課題や今後の展望について考えます。

1. はじめに

　政府は観光立国推進計画[3]のなかで、「拡大する世界の観光需要を取り込むことが地方創生の切り札」であり、「インバウンド消費を更に拡大し、その効果を全国津々浦々に届けることが重要課題」であるとしています。実際訪日客が増加している地域では、どのようにこの動向に対応しているのでしょうか。

　観光庁が 2012 年に実施した訪日外国人不便調査では、外国人旅行者が日本の旅行中に不便と感じた第 1 位が無料公衆無線 LAN 環境の整備不足、そして第 2 位がコミュニケーションの問題、という結果となっていました[4]。それ以降も毎年数百万単位で訪日外国人が増加していますが、5 年経過した2017 年度の調査においては、今度はコミュニケーションの問題（施設のスタッフなどと言葉が通じない）がトップに躍り出ています[5]。宿泊施設や飲食店などで、スタッフが話そうとしたが、スキル不足、あるいはまったく話そうとしてくれなかったことなどが指摘されています。また、これに次いで言語表記のわかりにくさが第 2 位となっています。Wi-Fi 環境は改善が行われたものの、訪日外国人とコミュニケーションを円滑に行うこと、すなわち、外国語で対応することや、表記などを使用した言語環境に関しては、大きな改善は見られていないということなのでしょう。

　政府は、2013 年には全国の多言語環境改善のために「観光立国実現に向けた多言語対応の改善・強化のための検討会」を立ち上げ、そのガイドラインを設定しています[6]。ガイドラインには多言語表記の仕方やあり方について詳細に説明があり、訪日外国人が増加する地域では有益な情報源となっていますが、上記アンケート結果からは、まだその成果が"全国津々浦々"には浸透していないことがうかがえます。一方で、表記だけでは十分でなく、やはり対面的な言語対応も重要なポイントと言えます。訪日外国人に実施した聞き取り調査（藤田・本田 2018）では、旅行中に質問をしたら無視された、いやな顔をされたという経験を持っている人がいました。そのような体験が日本での旅を台無しにしてしまうこともあるでしょう。日本人は外国語に苦手意識がある人が多いと言われますが、実際、地方の国際観光地化が進む場所で行われた質問紙調査（Fujita et. al, 2017）のなかでは、訪日外国人の増加

に対する印象を聞くと、多くの人々が異なる言語や文化に関して不安を感じ
ると回答していました。このような人々が言語的な不安を払拭し、異なる文
化をも受容しようという姿勢を持てるような仕組みづくりが、国際観光地に
向かう地域では課題であると言えるでしょう。

　では、各地域は、どのようにこの課題に取り組み、訪日外国人への言語対
応をしているのでしょうか。ここでは、3 つの異なる地域での特徴ある取り
組みを紹介します。

2.　まちなかでの取り組み

2.1　別府温泉 ── 観光案内所と留学生がつくるおもてなし

　別府はその有数な温泉により、古くからの観光地ですが、日本人客で栄え
てきた場所でした。訪日外国人が少しずつ増えたのは 2002 年の FIFA ワー
ルドカップの時からで、2016 年の熊本地震により、いったん訪日外国人の
足が遠のき激減したものの、その後増加の一途をたどっている状況です。こ
れに対応するべく、観光案内所を運営する一般社団法人別府インターナショ
ナルプラザや市の観光協会が中核となり、言語対応の問題にかなり先進的な
取り組みをしています。

　ワールドカップ以前は、観光案内所を訪れる訪日外国人は 1 日数組程度
であったそうです。大会中に大分県の知名度が上がった影響で、その後、特
に韓国人観光客が主に別府を訪れるようになりました。そこで、増加する韓
国人の対応のために、観光案内所では最低限必要なパターンの韓国語ができ
るように、スタッフをトレーニングしました。案内所での会話は、道案内や
施設情報など一定のパターンがあるため、そのパターンを覚えることで、半
年後にはスタッフ全員が韓国語で対応ができるようになったそうです。その
数年後には、今度は中国人観光客が急増し、こちらも同様な中国語の案内の
典型パターンのトレーニングを行うことで対応しました。案内所のスタッ
フが数ヵ国語で対応する取り組みは、特殊目的のための言語（Language for
Specific Purposes; LSP）（Swales 2000）の成功事例として、一目置くべきで
しょう。ただし、すべての応対が典型パターンで済むわけではありません。
込み入った内容や対処が難しい場合には、市が運営する多言語対応ホットラ

インとも連携を取って対応を行っています。

　また、このインターナショナルプラザは商工会議所の委託を受け、観光従事者向けの無料の3ヵ月英語講座を開催したり、外国人対応が必要なバス会社や温泉施設に出向き、おもてなし講座を開いたりしています。おもてなし講座では、留学生などから成る講師5人対生徒20人で、各現場のニーズに合わせてほぼ個別の練習を展開するプログラムとなっています。商店街の土産屋や電化商店なども対象に同様の講座を行いました。訪日外国人に対し言語面でやさしい町をつくるためには、自治体や組織のリーダーシップが重要ですが、別府ではこのインターナショナルプラザが先進的な企画を実行しながら、訪日外国人への言語対応力を高めていると言えるでしょう。

　さらに、別府には国際化の流れを後押しする存在があります。別府郊外に立命館アジア太平洋大学があり、6,000人の学生が在籍していますが、その半分が世界各国からの留学生です。この留学生たちが、別府のまちの国際化にかなり貢献しているのです。1年生は全寮制でキャンパス内に居住しますが、2年生からは別府のまちなかに住む学生が増え、彼らはアルバイト生として、多くのホテルや飲食店で働き出します。まちなかには多言語の看板や表示が多く見られ、レストランやカフェ、ホテルの随所にも説明や表記がこなれた多言語で表示されており、これらの留学生が、実際の応対も含め、多言語・多文化対応の観光地づくりに欠かせない担い手になっているのです。

　このように、別府は対応が進んだ町と見受けられますが、実はそこには問題も存在します。外国人の増加を喜ぶ人がいる一方、そうでない人もいるということです。たとえば、著者が話を聞いたタクシーの運転手は、外国人客が増えることに消極的でした。これは、この地域だけに限った話ではなく、日本全国どこでもおそらく同じでしょう。

　また別府では、国際観光に対する意識を高めるために、小学校で「別府学」という授業を開始し、別府市民全員が旅行者へおもてなしする、ということを理想に取り組んでいるということです。義務教育のなかでこどもたちがこのような学びの機会を持つことは、自分のまちに誇りを持つだけでなく、異なる言語に興味を持ったり異文化を受容できる素地をつくったりする上で重要な試みと言えるでしょう。

2.2　長野県山ノ内町湯田中温泉 —— 典型的な温泉町のチャレンジ

　時代の変化とともに旅行形態も変わり、以前のような社員旅行や忘年会などの団体旅行が減少の一途をたどり、温泉町のなかには衰退に向かっている場所も少なくはありません。インバウンド観光振興で地域創生ができないかと模索しつつも、若者が都市に出てしまい、次世代の担い手が確保できないところもあるでしょう。長野県山ノ内町にある湯田中温泉は、10 年前まではまさしく衰退に向かいつつあった温泉町でしたが、現在は地域の自然資源である地獄谷野猿公苑の猿（通称スノーモンキー）を目玉とし、訪日外国人を増やし、V 字回復を遂げている場所です。湯田中温泉に隣接する渋温泉なども同じ山ノ内町にあり、同様にインバウンド客が急増しています。山ノ内町全体では 2005 年には 4,000 人強だった外国人宿泊者数が 2015 年には 3 万人を越えました[7]。

　スノーモンキーが海外の雑誌に取り上げられたことをきっかけに、少しずつ訪日外国人が訪れるようになった際、地域のある温泉宿の経営者がスノーモンキーを前面に打ち出し、訪日外国人客を呼び込もうと考えました。積極的に JNTO の海外でのプロモーションに参加したり、旅行会社やマスコミの下見の誘致のためのツアー（FAM トリップ）を実施し、また SNS でも発信しました。これらの取り組みが功を奏し、訪日外国人客が少しずつ増加してきました。この頃、地域経済活性化支援機構と地元の銀行の主導のもと、将来の町の展望に危機感を持った地元の経営者らが集まり、地域振興についての真剣な議論が始まりました。そこに有能な若者が加わり、「WAKUWAKU やまのうち」というまちづくり会社が立ち上がりました。この会社は地域の活性化をめざし、廃業した旅館などをリノベーションしてホステルやカフェをつくるなど、町全体が活気づくような取り組みを進めています。また訪日外国人を積極的に受け入れるため、さまざまなイベントを企画するなどのきっかけづくりをしています。現在では近隣の志賀高原でスキーを楽しむ外国人スキーヤーもこの町に滞在するようになり、冬場の客数はさらに増加しています。

　平均年齢の高い典型的な地方の温泉町では、どのように異なる言語の人々に対応しているのでしょうか。興味深いことに、実はここでは別府のように観光協会や行政がリーダーシップを取って言語対応を進めているわけではあ

りません。できる人、できる組織ができることを積極的にやっているというのがまさしくこの地域の特徴です。たとえば、スノーモンキーのプロモーションに注力していた経営者は、有志や都内の大学のゼミと協力し、最初の英語のフリーペーパー（2015 年）を作成しました。町の英語マップをはじめ、見どころや地域の名産品の紹介、宿や食堂などもすべて英日のバイリンガルで紹介しました。このペーパーは毎年人々の協力でバージョンアップし、さらに広域を盛り込んだものとなっています。

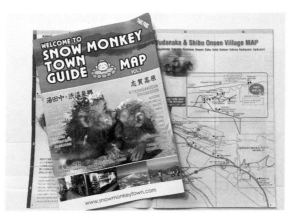

写真 1　現地の有志と大学のゼミの協力で完成した
英語のフリーペーパー

　また、山ノ内町観光連盟は、運営する湯田中駅構内ガイドセンターで、ガイドが外国人に切符の買い方を教えたりするなど、この小さな地方の駅に訪れる訪日外国人が不便を感じないような取り組みをしています。宿泊施設用の多言語の観光情報のしおりや案内所用のパンフレットも作成しています。
　さらに、訪日外国人を受け入れる宿や食堂では、英語などのメニューを置くなどして対応しています。前述の「WAKUWAKU やまのうち」が手掛けたレストランやカフェでは、ベジタリアンなどの異文化対応にも心を配っています。スタッフは外国語が得意でなくとも、メニューなどの表記を利用しつつ、必要なコミュニケーションを図っているということです。
　また「WAKUWAKU やまのうち」の取り組みから生まれたゲストハウス

AIBIYA では、オーナー夫妻は英語と韓国語が堪能で、訪日外国人への対応には事欠きませんが、まちの情報をわかりやすく掲示板に貼って、お客さんにより良い情報を届ける工夫をしています。

写真 2　ゲストハウス AIBIYA の掲示板
（外国人に必要な情報がわかりやすく整理されている）

　まちにはこの流れにうまく適応している宿泊施設や飲食店も多いですが、一方で、前項の別府でも言及したように、急な変化に対応できない、またはあえて対応しないと考えている人々もおり、言語や異文化の壁は簡単にはなくならない現状があります。この地域の訪日外国人客の多くは欧米系が多いため、対応はまず共通語の英語の使用が必要となっています。受け入れに積極的なのは、やはり英語がもともと堪能な経営者やスタッフがいるところです。一方で、あまり得意ではない、あるいはほとんどできないけれど、どうにかやり始めて軌道に乗せているというところもあります。後者のケースでは、はじめは不安を覚えていたスタッフたちも、いやでも対応が必要なので、どうにか対応しているうちにだんだんパターンを覚えて、少しずつ対応はできるようになっているということです。言語対応は経験が重要で、慣れることで自信をつけ、言語能力も徐々に上がることが期待できます（藤田・デルガド 2017）。しかし、基本的な応対ができるようになっても、何か複雑

なことがあったらどうしよう、という不安を覚える人は少なくないでしょう。この地域のある大きな宿では、中国人、フィリピン人などをフルタイムで雇い、フランスやイタリア、韓国などの国々からのインターン生も受け入れています。受け入れ態勢づくりをすることで、安心できる空間を整えているということです。ただし、彼らが言語だけができればいいというわけではなく、加えて地元のさまざまな情報や日本の知識が必要であることを経営者の方は強調しています。

　湯田中温泉は、インバウンド対応を行政任せにすることなく、まちを愛しまちの発展を願う行動力のある人々が前面に立って活躍をしながら、増える訪日外国人への言語や文化の壁を取り払う努力をしています。まちのなかの訪日外国人に対する温度差や、最近増え出したアジアの人々への対応など、まだまだ課題もあるということですが、外国語や異文化に対するハードルは着実に低くなっていくことでしょう。

2.3　新潟県糸魚川市 ——「住んでよし、訪れてよし」の多言語対応に向けて

　糸魚川市は、観光地としての知名度はまだ高くないかもしれませんが、行政、観光協会、英語・日本語を話す日本人・外国人住民、観光業従事者が連携しながらインバウンド観光振興の取り組みを展開しています。2015年3月に北陸新幹線が金沢まで延伸すると、外国人観光客数は、425人（2014年度）、1,416人（2015年度）、1,923人（2016年度）、2,662人（2017年度）、3,026人（2018年度）と推移しました[8]。また実際には糸魚川で宿泊しなくとも、新幹線に乗り換えるために白馬から大糸線で糸魚川駅に向かい、駅構内や周辺の飲食店で食事や休憩をする訪日外国人も少なくありません。

　よって、この数年間における急展開する観光動向に対応すべく、英語対応の取り組みが進められています。英語を母語とし、糸魚川の地理・歴史・文化などを熟知する外国人市職員は、市内や観光施設に設置されている観光案内板や説明文などを英訳し、観光パンフレットや地図の英語版を作成しました。2016年3月には、訪日外国人にとって有益な情報源となるべく、スマートフォン・アプリ「ぐるり糸魚川」の英語版が利用可能になりました。

写真3　英語でも利用できるアプリ「ぐるり糸魚川」の案内チラシ

　このように訪日外国人に必要な情報を提供することは重要ですが、観光現場ではある程度の対面的なコミュニケーション能力が求められます。糸魚川インバウンド推進委員会は、外国人市職員、糸魚川国際人材サポート協会のメンバー、日本語と英語を話す外国人住民から協力を得て、訪日外国人と接する機会のある人々を対象に「英語でおもてなし in 糸魚川」（2018 年 3 月）という英語のワークショップを開催しました。英語学習に意欲を示しつつも、実践的な水準まで会話能力を修得できる旅行業従事者や市民は限られます。しかし、外国人とのコミュニケーションに不安を抱く日本人が多いという現実を踏まえるならば、このワークショップのような学習機会を活用しつつ、観光現場で経験を積み重ねていくことは長期的な観点から有効でしょう。

　では、英語以外による外国人対応はどうでしょうか。欧米出身者であれば英語で十分に対応できますが、多くのスイス人が宿泊するペンション・クルーでは、基本的には英語で対応しつつ、簡単なドイツ語を交えたコミュニ

ケーションを図っており、ペンション・クルーの姿勢を高く評価するドイツ
語圏出身の宿泊者は少なくありません。

　他方、近年、増加する中国や台湾からの観光客は団体で訪れることが多
く、通訳を兼ねたツアーコンダクターが同伴するので言語上の問題はあまり
顕在化していないようです。しかし、これからアジア諸国から個人客が増え
ることが予想されます。観光パンフレットの中国語版や韓国語版はあります
が、それ以外の情報提供は英語に限定されています。確かに、観光現場では
パターン化された簡単な英語表現で対応できることが多く、加えてウェブ翻
訳などが高度に発展し、外国人観光客がスマートフォンで自ら情報収集をす
るのが一般化していることから、観光現場における多言語対応の必要性は高
くないと言えるかもしれません。しかし、病気・怪我、事故・事件、災害な
どの場合には、現場の状況に即した迅速かつ正確な情報提供が求められま
す。英語を話さない訪日外国人が多い現状を踏まえると、日本語や英語によ
る情報提供だけでは十分に対応できない状況が想定されます。英語にせよ、
その他の言語にせよ、曖昧なコミュニケーションは、かえって誤解を与え、
トラブルを招く恐れがあることから、訪日外国人への言語対応は今後も重要
な課題として取り組む必要があります。

　このように、観光現場ではまだ多言語対応の課題がありますが、糸魚川
市では、外国人住民に向けて多言語で情報提供をしようと努めています。
2018 年 3 月末現在、糸魚川市の全人口は 43,352 人、外国人人口は 326 人
（全体比 0.75%）となっています[9]。外国人人口の構成を見てみると、中国人
80 人（24.5%）、フィリピン人 112 人（34.4%）が多く占めています。確かに
日本語を流暢に話す外国人は少なくありませんが、それでも医療・福祉・教
育、行政サービスなどに関する表現は、彼らにとって抽象的で難解なものが
多いです。糸魚川市公式ホームページでは、ルビつきの日本語に加えて、英
語、中国語、韓国語で表示することが可能になっています。市役所などで配
布する、日本語教室やゴミ出しに関する案内文は、日本語、英語、中国語、
タガログ語で書かれています。また、行政と連携しながら、糸魚川国際人材
サポート協会は、病院や市役所など、抽象的なコミュニケーションが求めら
れる現場で通訳サービスを提供するなど、外国人住民の生活を支えていま
す。

　「住んでよし、訪れてよし」の理念を踏まえ、外国人住民にとって生活しやすい環境を整備し、その延長線上にインバウンド観光振興があることを考えると、以上のような糸魚川市の多言語対応の実践は評価をしてよいでしょう。

3.　訪日外国人への言語対応の課題と対策

　ここまで、3 つの地域における違う形での取り組みについて紹介をしてきました。日本各地でも、地域の特性、住民、行政、観光事業者などの多様なニーズに応じ、訪日外国人を受け入れるための対策はさまざまな形があることでしょう。ユニークな対策例では、福岡県柳川市のように、「やさしい日本語」での対応を進めているところもあります（加藤編 2019）。訪日外国人の 8 割が中国、韓国、台湾などのアジアから来ており、そのなかには日本語を勉強したことがある人も相当数いることを考えれば、これも一つの意味がある選択肢であると言えるでしょう。

　観光現場での言語は何を使用するとよいのか、一概には言えません。英語が共通言語として認識されているなかでは、やはり英語が観光言語として習得すべき目標であるという考え方もあります（Cohen & Cooper 1986）。しかし、その英語の特徴はいわゆるネイティブの使用する英語を規範とするものではありません。観光現場では、英語が母語でない者同士の英語コミュニケーション（ELF; English as Lingua Franca）（Seidlhofer 2005）が多発するため、発音に訛りがあったり、文法のルールに則っていないことが普通であると言っても過言ではないのです。いわば、目的達成型の英語コミュニケーションということができるでしょう。もちろんネイティブの速い英語にも対応する必要があります。一方で、英語が必ずしも最適なツールになるわけではありません。コミュニケーションは状況に依存するものですから、特定の国からの人が多い地域では、その相手の言語を習得するということも選択肢になるでしょう。訪日外国人が学習した日本語を使用したいようであれば、こちらもそれに応対して日本語を使用すれば、相手には嬉しい経験となります。このように、状況によって言語の使い分けの判断が必要になることもあります。ただ、状況が込み入った場合や緊急の場合などには、英語のような

共通言語の存在に頼らざるを得ないこともあります。

　何語を使用するにしても、言語習得は短期でできるものではありませんが、前述の別府の例のようにパターンを覚えるといった習得のヒントを知ることで、効率的にコミュニケーションの問題を解決していける可能性があります。藤田・本田・デルガド (2016) の実施したアンケート調査では、観光現場で対応する多くの日本人が初期の段階で困難を抱えているのは、リスニング、特にアクセントのある英語を聞くこと、そして何かを説明したりするスピーキングである、という結果が示されています。リスニングに関しては、もう一度言ってもらう、ゆっくり言うように頼むなどのコミュニケーション・ストラテジーを使用することが有効です。しかし、外国語の会話に慣れていないと、1回聞いただけで、もう理解できないと思い込んでしまうケースもあるのではないでしょうか。職場や教育機関で観光対応のための語学研修を実施することがあれば、コミュニケーション・ストラテジーの使用方法については、必ず学習項目として入れることが必要です。スピーキングについては、別府の観光案内所の例のように、各現場で基本となる使用パターンを把握し、覚えてしまうことが有効です。また、慣れないうちは正しい文法や流暢さにとらわれずに発話してみることも、対応の経験を積むために必要です。会話の経験を重ねることが、自信につながっていくのです。

　一方、訪日外国人は、基本的な応対のみでなく、詳細な情報や説明を必要としている場合もあります。これまであまり外国人が訪れることのなかった地域の観光地（新規地方国際観光地）で訪日外国人にインタビューしたところ、チェックインや食事注文、支払いなど、通り一遍のことは何も問題はないが、さまざまな情報がほしい場合にコミュニケーションが行き詰まり、困ることがあるという意見を多く聞きました。たとえば、滞在している旅館からある特定の場所に一番安くまたは早く行く方法などは、ネットの情報で探し出すのは難しく、旅館の人に聞くのが一番手っ取り早いわけですが、込み入った内容には容易に対応してもらえないことが多いというのです。対応してもらえても、片言やジェスチャーなどを介す場合が多々あり、正しく理解できたのか不安が残るということです。つまり、地域の人々はある程度ルーティンな応対はできるようになっていても、詳細な情報を与えることまでは多くの場合できていないというのが現状のようです。個人の学習や努力も必

要ですが、各地域で想定される質問や情報のデータバンクをつくり、多言語に定期的に訳して共有できるようにしておくなど、細かい情報をどのように提供していくのか対策を考えていく必要があるでしょう。**2.1** で紹介した別府の留学生や、**2.3** で紹介した糸魚川の外国人住民などのように、ある言語を母語とする外国人が、このような情報提供への対策を支援するキーパーソンとして重要な役割を果たせるかもしれません。

　近年、急速に指差しシートや多言語翻訳アプリが現場で重宝されてきており、このようなツールに手助けをしてもらうことも選択肢となります。前述の 2017 年の観光庁の多言語対応に関するアンケート調査の回答者である訪日外国人の多くが、飲食店や小売店において指差しツールが最も必要であること、また神社仏閣のような観光スポットでは多言語音声ガイドが最も必要であると指摘しています。さらにこのアンケートでは、実際困った際の解決策として、スマートフォンやタブレットの翻訳アプリで解決した、という回答が最多で 44.7％でした。VoiceTra（ボイストラ）、Navar Papago（ネイバーパパゴ）など、速度も速く性能の良いアプリがすでに多用されていますが、このようなツールはこれからも進化を遂げ、ますます便利にコミュニケーションを円滑に行う手助けとなるのは間違いありません。

4.　おわりに

　多言語表記や指差しシートや IT を利用したツールなどを組み合わせながら積極的なコミュニケーションを図っていけば、訪日外国人にとって「最も困ったこと」とされているコミュニケーションの問題も緩和されることが期待できるでしょう。一方、観光地の国際化が進むと、対応に対する期待も高くなります。ですから、個人の努力ももちろんですが、自治体などをはじめとする協会や組織がリードを取りながら、よりレベルの高い多言語コミュニケーション環境をめざしていく必要があるでしょう。

　最後に忘れてはならないのは、コミュニケーションは人と人をつなぐものであるということです。表記だけをしておけばそれでいいというものではありません。それを十分に認識しながら、双方向的な言語対応を提供できるようになることが望まれます。

[注]

1) F を Foreign、T を Tour と表現する場合もあります。
2) 観光庁 (2018)「宿泊旅行統計調査」<http://www.mlit.go.jp/common/001296050.pdf> (2019 年 10 月 28 日閲覧)
3) 観光庁 (2017)「資料 1　観光立国推進基本計画の改定について」<https://www. kantei.go.jp/jp/singi/kanko_vision/kankotf_dai8/siryou1.pdf> (2019 年 1 月 8 日閲覧)
4) 観光庁 (2012)「外国人旅行者の日本受入環境に対する不便・不満」<http://www. mlit.go.jp/common/000205584.pdf> (2018 年 12 月 28 日閲覧)
5) 観光庁 (2017)「「訪日外国人旅行者の受入環境整備における国内の多言語対応に関するアンケート」結果」<http://www.mlit.go.jp/common/001226100.pdf> (2018 年 9 月 8 日閲覧)
6) 観光庁 (2014)「観光立国実現に向けた多言語対応の改善・強化のためのガイドライン」<http://www.mlit.go.jp/common/001029742.pdf> (2019 年 1 月 20 日閲覧)
7) 山ノ内町「第 3 次　山ノ内町観光交流ビジョン」<http://www.town.yamanouchi.nagano. jp/asset/00032/site_shared/kankoshoko/kanko_vison.pdf> (2019 年 1 月 30 日閲覧)
8) 糸魚川市商工観光課 (2019)「糸魚川市の観光の状況について (平成 30 年度版)」<https://www.city.itoigawa.lg.jp/6372.htm> (2020 年 3 月 11 日閲覧)
9) 糸魚川市 (2018)「糸魚川市人口及び世帯表」<http://www.city.itoigawa.lg.jp/secure/5403/ H3003.pdf> (2019 年 1 月 10 日閲覧)

参考文献

加藤好崇 (編) (2019)『「やさしい日本語」で観光客を迎えよう — インバウンドの新しい風』大修館書店

藤田玲子・デルガド, R. (2017)「ローカル地域の国際観光地化に伴う英語コミュニケーション力の変化」『日本観光研究学会全国大会学術論文集』32, 305-308.

藤田玲子・本田量久 (2018)『新規国際観光地化に向かうローカルエリアの言語ニーズ調査とフレームワークの構築』(科学研究費補助金 (基盤研究 C) 調査研究成果報告書 2015 年〜 2017 年) 西岡総合印刷

藤田玲子・本田量久・デルガド, R. (2016)「新規国際観光地における外国人対応の課題 — コミュニケーション・ニーズ調査から」『日本観光研究学会全国大会学術論文集』31, 309-312.

Cohen, E., & Cooper, R. L. (1986) Language and tourism. *Annals of Tourism Research*, *13*(4), 533-563.

Fujita, R., Terui, M., Araki, T., & Naito, H. (2017) An analysis of the English communication needs of people involved in tourism at Japanese local destinations. *Journal of Global Tourism Research, 2*(1), 53-58.

Seidlhofer, B. (2005) English as a lingua franca. *ELF Journal, 59*(4), 339-340.

Swales, J. M. (2000) Languages for specific purposes. *Annual Review of Applied Linguistics*, *20*, 59-76.

付記

　本研究は科学研究費「新規国際観光地化に向かうローカルエリアの言語ニーズ調査とフレームワークの構築」（課題番号 15K12926）、および「多文化ネットワークによる地域活性化とインバウンド観光振興に関する社会学的研究」（課題番号 18K11879）の助成を受けたものである。

Column ①

山と山旅のことば

橋内 武

▲ドライチンネン
▲ギボン峠のケルン

　八月第二日曜日は「山の日」。ジョン・マルローの名言「なぜ山に登るのか、そこに山があるからだ」からは、どのような山と山旅を想像しますか。

▶「日本アルプス」の名付け親はだれか

　日本の登山は、元来、山岳仏教や修験道による修行でした。しかし、近代に入ると、西洋人によって登山技術が紹介されました。欧州のアルプスを原型にして、穂高や槍ヶ岳などの飛騨山脈を「日本アルプス」と呼んだのは、英人技術者ウィリアム・ガーランドでした。後に、木曽山脈の中央アルプス、明石山脈の南アルプスと併せて、3つの山脈をすべて「日本アルプス」と総称したのは宣教師ウォルター・ウェストンです。その碑が上高地に刻まれています。

▶ 同じ山になぜ複数の山名があるのか

　世界の屋根・ヒマラヤには、8,848m の最高峰エベレスト山があります。これは人名由来の英語名です。エリザベス女王の戴冠式が迫った 1955 年 5 月 29 日、ニュージーランド人のエドモンド・ヒラリーと、ネパール人のテンジン・ノルゲイが初登頂を果たしました。山頂の北側はチベット、南側はネパールです。そこで、この高峰をチベット語ではチャモランマ、ネパール語ではサガルマータと言います。似たように、国内でも同じ山に三つの名称がある所があります。東北の名山、栗駒山（宮城）は、須川岳（岩手）と山頂を南北に分け合いますが、西の秋田側からは大日岳と呼ばれています。

　イタリア・ドロミテの場合、オーストリアが第一次大戦後に南チロルをイタリアに割譲したため、同じ山に二つの名称が付いています。有名な岩山ドライチンネン（独）がチマ・ピッコロ（伊）とも称されるのは、その好例でしょう。

▶ ハイキングと登山

　さて、定義上、「ハイキング」は野山を漫歩する楽しみですが、「登山」には本格的な登攀技術が必要です。夏山と冬山では気象条件が違い、装備からして変えなければなりません。一般に食事付きの山小屋泊まりは楽で、テントと自炊道具を担いでの山行は一種の苦行です。ケーブルカーやリフトが利用できる「ハイキング」と高峰に自力で挑む「登山」では体力の消耗に大差が生じます。

▶ 登山用語の大半はドイツ語由来

　ところで、登山にはそれなりの装備が必要です。以下、括弧内は外来語の出自。まず、くるぶしから上までを包み込む登山靴を入手。冬の雪道歩行には滑って転ばないよう、登山靴に「アイゼン」（独）を装着させるべきです。

　下着は速乾性の物がお薦め。防寒用には「アノラック」（極北民族語）が欲しい。紫外線除けには「サングラス」（英）、つば広の帽子、手袋と腕カバー。早朝登山には「ヘッドライト」（英）、泥道には「スパッツ」（英）が必要です。

　「ザック」（独）は山旅日数によって容量が異なります。雨対策として「ザックカバー」（独英）も。水筒と行動食は必携。自炊には「コッヘル」（独）が必需品です。「ストック」（独）は下山時に助かります。「ピッケル」（独）、「ハーケン」（独）や「ザイル」（独）は、岩登りに不可欠です。

　地図の読図には、「ルーペ」（独）が役立ちます。山道を歩くとき道標になるのが、「ケルン」（独）です。このように登山用語の大半は、ドイツ語由来です。

▶ ハイキングとワンゲルの時代

　そう言えば、私の学生時代には「ハイキング」（英）や「ワンダーフォーゲル」（独、略「ワンゲル」、渡り鳥の意）が盛んでした。後者はドイツの青年が始めた、グループで山野を歩きながら親睦をはかる運動でした。

　1960年代には、いかつい山男が険しい山に重装備で挑みました。「雪よ岩よ我らが宿り、俺たちゃ街には住めないからに」と雪山賛歌を愛唱しました。夏の北海道には、大型ザックのカニ族が出現して話題になりました。

　今や「山男」よりも「山ガール」が、おおいに山を楽しむ時代です。旅行社が山旅を企画・募集すると、大半が元気な「熟年山ガール」ですから。

第**3**章

観光接触場面における
日本語

人気旅館からの考察

加藤好崇

　この章では今後ますます増加することが期待される外国人観光客
と、彼らと観光の現場で接する日本人とのコミュニケーションを
テーマとします。観光における異文化接触場面では、英語が使えれ
ばいいのか、それとも日本語もまた必要なのか。また、日本語が必
要ならば、どんな利点があるのか。そういった異文化接触場面にお
ける「やさしい日本語」を含めた「日本語」の役割について、深く
考えていきます。これらの考察をもとに、日本のインバウンドの現
場における、これからのコミュニケーションのあり方について議論
をしていきたいと思います。

1. はじめに ── 観光接触場面と日本語

　東京オリンピックの開催が目前に迫り、訪日外客数も 4000 万人時代を迎えようとしています。その受け入れ準備として、ハード、ソフト両面においてさまざまな環境整備が進められています。言語に関わる環境整備に関しても、翻訳機の充実や多言語表記の電光掲示板設置といったハード面、対面での接遇指導といったソフト面など、ハード、ソフト両面での改善が行われているところです。本章では特に言語のソフト面における外国人ゲストと日本人ホストの日本語を媒体としたコミュニケーション[1]について考察を行います。

　本章における「外国人ゲスト」とは、来日時点の目的が観光であっても留学であっても、ある時点において日本国内で観光という社会文化行動をしている日本語非母語話者を指します。一方、「日本人ホスト」とは、基本的に観光を生業としている日本語母語話者を指しており、観光現場で働いている日本語非母語話者は対象に含みません。そして、この「外国人ゲスト」と「日本人ホスト」が参加者となり、口頭で行われているコミュニケーション場面を「観光接触場面」（加藤 2017）と呼び、考察の対象としていきます。

　この観光接触場面では、チェックインなどの観光を実践する際の定型的な「制度的コミュニケーション」と、それ以外のいわゆるおしゃべりのような「非制度的コミュニケーション」が存在します（加藤 2017）。また、日本人ホストには観光接触場面において英語を優先する気持ちが強く、反対に日本語を使わないように意識する傾向があります。ここでは前者を「英語使用規範」とし、後者を「日本語不使用規範」と呼びます。

　本章では、観光接触場面において、外国人ゲストは英語使用をどのように意識しているのか、また、日本語能力を持つ外国人ゲストはどの程度いるのか、さらに日本語あるいはやさしい日本語使用は観光接触場面においてどのような機能を持つのかについて、小規模和式旅館を主な対象とし、トリップアドバイザーの口コミ、箱根湯本駅周辺でのアンケート結果、宿泊施設でのインタビュー結果などから考察を行っていきます。

2.　宿泊施設でのコミュニケーション問題とその根源

　平成 29 年に実施された観光庁の「訪日外国人旅行者の受入環境整備における国内の多言語対応に関するアンケート」[2] は、外国人ゲストが遭遇する言語問題を分析する上で、貴重な情報を与えてくれる調査です。この調査によると「旅行中困ったこと（複数回答）」の第 2 位[3] は「施設等のスタッフとのコミュニケーションがとれない」ことでした。そのうち、「多言語表示・コミュニケーションで困った場所」として宿泊施設を挙げている旅行者は 5.4% とそれほど多くはありません[4]。その中で「困った場面（複数回答）」として、「チェックインの際」（33.5%）、「日本独特のもの（大浴場等）の使用方法を尋ねる際」（32.4%）、「周辺の観光情報を尋ねる際」（29.5%）の三つが上位に挙がっています。さらに宿泊施設で困ったことを多言語表示か口頭でのコミュニケーションかに分類すると、前者は 40.6% で後者は 59.4% となっており、どちらかと言うと口頭でのコミュニケーションに外国人ゲストは問題を感じているようです。

　上記のように宿泊施設におけるコミュニケーション問題の生起はあまり多くありませんが、施設のタイプの違いについては言及されていません。通常、大きなホテルなどと違って、小規模和式旅館では英語が使えるスタッフがいないとか、支払い方法や施設の使い方が独特であったりするため、よりコミュニケーション問題が生じやすいと予測されます。また、この調査は外国人ゲストの持つ否定的評価にのみ焦点があてられ、肯定的評価については知ることができません。

　この調査では、コミュニケーション問題を減少させる具体的な解決方法までは示されていませんが、一般的に言って、コミュニケーション問題を解決するためには、英語学習の必要性や英語話者の雇用促進といった、英語化促進と短絡的に結びつけられる傾向があります。つまり、調査から明らかになったコミュニケーション問題の根源は英語能力不足にあり、この点を改善することが最重要視されるわけです。

　では、実際に英語が話せるスタッフが常駐し、これまで外国人ゲストから高評価を得ている小規模和式旅館では、本当に英語使用が肯定的評価に繋がっているのでしょうか。こういった小規模和式旅館が外国人ゲストを惹き

つける要素は、英語以外に他に何かあるのでしょうか。次節では、これらの疑問点ついて世界最大の旅行口コミサイト「トリップアドバイザー」[5] に掲載されている口コミから分析を行ってみましょう。

3. トリップアドバイザーのコメントから

　ここでは表1に挙げられている5つの小規模和式旅館を分析対象とします。この5つの旅館は、利用者からの評価が高いことを示すトリップアドバイザーのトラベラーズチョイスアワードやエクセレンス認証を受けている宿泊施設ばかりです。また、トリップアドバイザー以外でも、行政機関から外客受け入れに関して賞を受けていたり、「Lonely Planet」といった旅行ガイドブックに掲載されていたりするなど、インバウンドにおいて定評がある施設です。

　本章ではこの5つの旅館の英語による直近の口コミを、それぞれ10個ずつ取り出し分析を行います。ちなみに施設によっては英語以外の口コミも数多く見られましたが、ここでは基本的に英語に限定して分析します。

表1　対象とする5つの旅館と口コミ投稿期間

旅館	所在地	分析対象とした口コミの投稿時期
F	神奈川	2018年8月～2019年2月
I	神奈川	2018年3月～2018年12月
S	東京	2018年10月～2019年1月
Ki	京都	2018年7月～2018年11月
Y	大分	2017年12月～2018年12月

　データとされた英語による50のコメントのうち、英語が話せることを評価しているコメントは5つしかありませんでした。以下に挙げるものが当該部分のコメント内容です。3つ目に関しては英語と日本語の両方が使われていたことを示唆しています。

・They speak English well.

・ The wife speaks good English.
・ It is operated by a family, who does its utmost best to speak English（having basics of Japanese helps communicating）.
・ All of them speaks understandable English.
・ 〜speak good English!

　なお、英語以外の韓国語、中国語、フランス語などのコメントも Google 翻訳により内容確認を行いましたが、英語ができることを評価していたものは１件のみでした。
　一般的に英語によるコミュニケーションがスムーズに行われることが少ない日本社会において、英語に問題のない宿泊施設で、英語使用があまり評価対象とされていないのは興味深いことです。このことは外国人ゲストが英語そのものよりも、コミュニケーションができれば何語でもかまわないと感じていることの表れでしょう。確かに英語の重要性は否定できませんが、日本人ホストがおもてなしとして強く意識しがちである「英語使用規範」が、外国人ゲストにはそれほど強く意識されているわけではないと言えるのです。
　同時に３つ目のコメントにあるように、日本語を使いながらコミュニケーションを図ろうとする人がいたり、中国人であっても日本語でコメントしていた人がいたりするなど、日本語を使うことに抵抗感が見られるわけではありません。前述の観光庁のアンケート調査の結果からも、日本人とのコミュニケーションの準備として、簡単な日本語を学ぶという人が22.9%いることが分かります。このことからも、外国人ゲストにはコミュニケーションの道具として日本語を選択する人が存在する、すなわち「英語使用規範」や「日本語不使用規範」は、必ずしも外国人ゲストにあるわけではないのです。
　こういった点から、外国人ゲストにとっては、「英語によるコミュニケーション」ができることそのものが重要なのではなく、日本語使用も含めた「コミュニケーションそのものの成立」のほうが重要だと言えるでしょう。
　では、5つの小規模和式旅館では、どのような点が外国人ゲストに肯定的に評価されているのでしょうか。50の口コミの中で、肯定的評価を表す単語で最も多かったのは "nice" であり 25 回現れています[6]。"nice" であると

評価された対象は、表2にようになっています。

表2 "nice"と評価された対象

順位	評価の対象	回数
1	スタッフ	7
2	立地・環境	5
3	露天風呂、温泉	4
4	施設・部屋	4
5	リビング	2
6	食事	2
7	他の客とのコミュニケーション	1

　この結果を見ると "nice" の対象は「スタッフ」「他の客とのコミュニケーション」といった人間関係に関わるものが多くなっています。スタッフに対する好印象を表現する語彙は "nice" の他、"friendly"（18回）、"helpful"（13回）となっています。したがって、コミュニケーションの達成だけではなく、日本人ホストが外国人ゲストにどのように振る舞うかという人間関係のあり方が重視されていることが分かります。また、この人間関係は、決して「客－宿」の上下関係ではなく、「人－人」の横関係に重きが置かれている点にも注意が必要です。この点については、すでに加藤（2014; 2015; 2017）[7] でも指摘されているところです。

　以上の点から、外国人ゲストと日本人ホストのコミュニケーションの環境整備を行おうとする場合、英語という言語の「バラエティ」要因のみを重視し、短絡的に英語学習や英語話者の雇用に結びつけるだけではなく、むしろ日本人ホストがどれだけ人と人との関係を基礎にしたコミュニケーションを行える人材かといった、コミュニケーションの「参加者」要因をより重視する必要があると考えられます。この人と人との関係を基礎にしたコミュニケーションのあり方を、「ポジティブ・ポライトネス化」（宇佐美2001; 加藤2014; 2015; 2017）と表現することができます。

　もし、上記の通りであれば、「英語使用規範」も「日本語不使用規範」も、日本人ホストが強く意識する必要はなく、どの言語やツールを使ったとして

も、コミュニケーションさえ達成され、ポジティブ・ポライトネス化した対応を行えるのであれば、外国人ゲストに対する十分なおもてなしは成立可能であると言えるでしょう。また、英語が苦手である日本人ホストにとっては、日本語が使えるとなれば、外国人ゲストとのコミュニケーションの壁を低減化でき、外国人ゲストの受け入れを心理的に促進することに繋がるかもしれません。

　しかし、実際に外国人ゲストの持つ日本語能力はどの程度のものであるのでしょうか。次節では、箱根湯本駅周辺で実施した外国人ゲストに対する小規模なアンケート調査の結果をもとに、この点について考察します。

4.　外国人ゲストの日本語能力調査

　2018 年度の国際交流基金の調査によると、世界の教育機関での日本語学習者数は約 385 万人であり、そのうち東アジアと東南アジアの学習者が約 76.8% を占めています[8]。一方、2018 年の外国人旅行者における東アジアと東南アジアの旅行者の占める割合は約 82% であることから[9]、外国人ゲストの中に、ある程度日本語能力を有する者を想定できます。さらに、日本国内には留学生約 30 万人を含む約 283 万人[10] の在留外国人がいて、この中には英語よりも日本語のほうが得意だとする人たちもいることから、彼らが日本国内を旅行する場合、定型表現の多い制度的コミュニケーションならば日本語で十分対応できると思われます。では、実際に日本を訪れている外国人ゲストは、本当に日本語能力を有しているのでしょうか。

　この点を実証するために、2019 年 1 月、箱根湯本駅周辺[11] において小規模な街頭でのアンケート調査を実施しました。一定の英語能力を有する 3 人の女子大学生が、駅周辺の国道 1 号線沿いを移動する旅行者のうち、外見、言葉などから外国人ゲストであると判断される人に直接話しかけてアンケートの協力依頼を行いました。ただし、話しかける際には「まず日本語で話しかける」ことを大原則としました。

　アンケートに協力してくれた回答者は 21 名でした。その国籍・地域は中国 11 名、台湾 4 名、UAE 2 名、イギリス 2 名、シンガポール 1 名、インドネシア 1 名でした。

　質問内容は「国籍」「性別」「年齢」の他、「日本語学習経験の有無」「日本語学習経験があれば学習期間はどれくらいか」「日本滞在中の日本人とのコミュニケーションの有無」「コミュニケーションがあった場合、何語を使用したか」「日本人とのコミュニケーションの満足度（5段階評価）」「日本滞在中に覚えた日本語の有無」「覚えた日本語がある場合、それは何か」などです。

　また、先にも記したように、このアンケートでは、まずはじめは「こんにちは」とか「アンケートお願いします」など分かりやすい日本語で話しかけ、次の発話で外国人ゲストが何語で返答するのかを調査の主要目的の一つとしました。これは単に日本語学習の有無を確認するだけではなく、実際のコミュニケーションにおいて日本語で対応するのかどうかを知るためでした。

　アンケートの結果、日本語学習経験者は7名（約33%）でした。内訳は中国2名（学習歴1年以上2名）、台湾3名（1年以上1名、1年未満2名）、イギリス2名（1年未満2名）です。他に正式に日本語を勉強してはいないが、ドラマを見て日本語を自学しているという中国人が1名いました。サンプル数は少ないですが、約33%の日本語学習経験者がいたことは重要です。前述の観光庁による調査でも、事前に日本語を勉強してきた人が22.9%でしたが、これと比較的近い数字が実際に得られたと言えます。

　しかし、この日本語学習経験者7名のうち、日本語での呼びかけに応じて日本語で返した人は4名でした。日本語で反応しなかった人のうち、2名はイギリスからの観光客で、彼らは英語で返答しました。もう1名は台湾からの観光客で、自分では話さないで友達に助けを求めていました[12]。

　日本語にそれほど自信がない英語母語話者の場合、まず英語で返答しますが、日本人ホスト側の英語能力に応じて、日本語に切り替えるか、日本語を交えたコミュニケーションをとる可能性が高いのではないでしょうか。今回はアンケートの調査者に英語能力があり、すぐに英語に切り替えたようでしたが、もし、日本人ホスト側が自分たちの2番目の発話、すなわち、〈日本人ホスト→外国人ゲスト→日本人ホスト〉の3ターン目も日本語で発話すれば、イギリス人側が日本語に切り替えた可能性もあったでしょう。また、自分よりも日本語能力が高い仲間に助けを求めた台湾からの観光客も、もしグ

ループ行動ではなく、自分だけでコミュニケーションをしなければならない
状況であれば、1 年未満の学習期間を有することから、チェックインなどの
制度的コミュニケーションであれば対応可能であったと思われます。

　また、全回答者 21 名中 20 名（約 95%）が、滞在中に何らかの日本語を覚
えたと答えています。つまり、来日以前に日本語学習を行ったことのない外
国人ゲストでも、滞在中に日本語学習を行っていると言えます。彼らが覚え
た言葉は「ありがとう」「こんにちは」「すみません」といった基本的なもの
で、細かい情報のやりとりをするために役に立つわけではありませんが、言
葉のお土産としての機能や、それを使うことによって日本人ホストから好意
的な評価を得ることができるという効果があります。

　また、日本人ホストから日本語でコミュニケーションを点火させるという
点も、重要な効果があります。一般的に、英語ではなく日本語であれば気軽
に話しかけられると感じる日本人ホストは多いでしょう。今回の調査で、外
国人ゲストが日本語で返さなかった場合でも、それをきっかけにコミュニ
ケーションが発生し、一緒に写真を撮ったり、店の紹介を頼まれたりするな
ど、親しい会話が生じています。いったんコミュニケーションが点火すれ
ば、参加者の振る舞い方によってポジティブ・ポライトネス化したコミュニ
ケーションをすることが可能です。このことは外国人ゲスト側から見れば、
決まり切った会話ではなく、日本人と非制度的コミュニケーションを行うこ
とができたわけであり、日本旅行のいい思い出となるでしょう。

　最後の節では、前述の小規模和式旅館のスタッフへのインタビューから得
られたデータとこれまでの節で議論した内容から、観光接触場面における日
本語機能についてまとめてみます。

5.　観光接触場面における日本語機能

　加藤（2017）は、3 節で挙げた 5 施設を含む 14 の宿泊施設[13]の参与観察
とインターアクション・インタビュー（ネウストプニー 1994）の結果から、
観光接触場面におけるツーリスト・トーク（Cohen & Cooper 1986）の分析を
行っています。その分析をもとに、日本語使用に関するコメントを機能別に
整理してみます。

(1) 象徴機能

　下のコメントは大阪の旅館のスタッフから得られたものです。日本語を使用することによって、外国人ゲストに日本訪問の気分を強く感じてもらおうとするものです。

　　　　日本語を、日本を感じ取ってもらうために使うということがある。

　これは日本風の置物や絵画を置いておくのと同じ機能を日本語に持たせるものです。京都では「おおきに」などの方言を共通語と併用させて使っている施設もありますが、こういった方言使用も「象徴機能」です。

(2) お土産機能

　モノをお土産とするのではなく、日本語そのものを覚えてもらってお土産にしたり、日本語を使ったコミュニケーションの思い出をお土産にしようとするものです。下は神奈川の旅館から得られたコメントです。

　　　　彼らにとってうれしいお土産になるから（日本語を使う）。

　つまり日本語、日本語コミュニケーション自体が「観光リソース」なのです。

(3) 日本語学習機能

　これは日本語そのものが持つ機能というよりも、日本人ホストの日本語発話や、外国人ゲストとの日本語コミュニケーションが、日本語学習に結びつくとするものです。下のコメントは京都の旅館で得られたものです。

　　　　簡単に覚えることができて、日本人に通じる程度の日本語で話しかけるようにしております。

　前述のアンケートでも、多くの外国人ゲストが日本滞在中に日本語を覚えたと回答していますが、これも日本人ホストの発話が日本語学習機能を果た

した結果であると言えます。

　外国人ゲストが主体的に日本語学習を実践しようとする場合もあります。日本語学習者が現地で自分の日本語能力を伸ばしたいと感じるのは自然でしょう。それは次の京都の旅館でのコメントからも分かります。

　　　お客様の中に日本語を教えてほしいと望まれる方がけっこうおられます。（中略）なかには、ローマ字で日本語の単語を書いてほしいと望まれ、その横に英語で書く、といったお客様もけっこうおられます。また、自分の名前をカタカナで書いてほしいと言われる方も時々おられます。

　日本語は、むしろ使ったほうが喜ばれる場合もあります。ある意味、日本人ホストは皆「日本語教師」と言えるでしょう。

(4) コミュニケーション機能

　日本語はもちろんコミュニケーションの道具としても使われます。広島の旅館で得られたコメントからは、外国人ゲストが日本語を使って意味のあるやりとりを行っていたことが分かります。もちろん、こういった会話も日本語学習者にとっては「日本語学習機能」ですが、コミュニケーションが第一目標であるので、これを日本語の「コミュニケーション機能」と呼びます。

　　　（日本語が話せる）お客様、最近は多いですよ。あの、すごいあれではないですけど、けっこう私たちが英語をしゃべれるのと同じぐらいで、案外お話ができる方が多くて、通じるというか日本語でも大丈夫という。

　次のコメントは、日本語をコミュニケーションの道具にしたいと考える人が増えてきたという実感を語っている京都の旅館でのコメントです。

　　　昔は英語で話して当然だったものですが、今では日本語でのコミュニケーションが少しでもできればと望まれる外客の方が増えてきたみたい

です。

　つまり、日本語使用が日本旅行のニーズになる場合もあるのです。その他、本章では次の二つを付け加えておきます。

(5) コミュニケーション点火機能

　日本語には、日本人ホスト側からのコミュニケーション点火を容易にさせる機能があります。英語を使うとなるとなかなか話しかけづらいですが、日本語を使ってもいいのなら、積極的に話しかけられるという日本人ホストは多いでしょう。このことは宿泊施設だけに限らず、観光に関わる人たちに共通するものかもしれません（加藤編著 2019）。本章で見たように、アンケート回答者のうち約 33% が日本語学習経験者であり、またほとんどの回答者が滞在中に日本語を覚えていました。したがって、日本語で話しかけても、コミュニケーションは点火する可能性があります。ただし、日本人に話しかけるのと同じ日本語ではなく、分かりやすい「観光のためのやさしい日本語」で話すのが重要です。この点については加藤（2019）、加藤編著（2019）に説明を譲ります。この「観光のためのやさしい日本語」は、本節で挙げられたすべての機能を兼ね備えたものです。

(6) ポジティブ・ポライトネス化機能

　分かりやすい日本語使用は、日本人ホストと外国人ゲストの距離を縮める効果もあります。日本人ホストが分かりやすい日本語を使う場合は、当然難しい敬語を避け、「です・ます」の丁寧体基調で話す必要があります。これまで客に対して使っていた尊敬語・謙譲語などがとれると、自然とフラットな関係になるというコメントもありました（3 節 Ki のコメント）。

　また、いったん日本語でコミュニケーションを点火させれば、本章のアンケート調査のように「ポジティブ・ポライトネス化」した会話が始まる可能性があります。また、外国人ゲストが日本語を使えば、日本人ホスト側も親近感を持ち、やはり「ポジティブ・ポライトネス化」が進むと考えられます。

6.　おわりに

　以上のように観光接触場面での日本語機能を考えると、日本人ホスト側が持つ「英語使用規範」「日本語不使用規範」を強く意識する必要はないと言えます。これらの規範はそもそも外国人ゲスト側に強く存在しているものではないからです。規範はホストとゲストに共有されていなければ、ホスト－ゲスト間のコミュニケーションに問題が生じやすくなります。

　また、観光接触場面における日本語機能にはさまざまなものがありました。これらの機能を持つ日本語を使わずに、観光接触場面のコミュニケーションを十全に進めることはできないのです。

　ただし、単純に日本語を使っていれば、喜ばれるといったものではありません。言語、社会言語、社会文化的調整を伴った「観光のためのやさしい日本語」（加藤 2019; 加藤編著 2019）を使わなければなりません。今後はコミュニケーション達成と日本人ホスト－外国人ゲストの人間関係を適切なものに構築していくために、日本語の機能を活かしつつ、新たな日本語を創造していくことが大切なのではないでしょうか。そして、こういった日本語コミュニケーションに向けた取り組みは、目の前の多文化共生社会を生きる日本人にとって、重要な異文化トレーニングになるでしょう。

[注]
1)　本章でのコミュニケーションとは、言語だけではなく、セッティングや話題などの社会言語的な側面も含みます。
2)　国土交通省観光庁（2018）「「訪日外国人旅行者の受入環境整備における国内の多言語対応に関するアンケート」結果」<http://www.mlit.go.jp/common/001226100.pdf>（2020 年 3 月 13 日閲覧）なお、平成 30 年の調査でも「施設等のスタッフとのコミュニケーションがとれない」は「その他」に次いで 2 位でした。
3)　第 1 位は「困ったことはなかった」で 38.4% でした。
4)　「宿泊施設」の他、「鉄道駅」「城郭・神社・仏閣」「飲食店」「小売店」が含まれます。
5)　Tripadvisor（トリップアドバイザー）<http://www.tripadvisor.jp>（2020 年 3 月 13 日閲覧）
6)　最も多く使用されていた単語は "room" で、以下 "ryokan", "breakfast", "onsen", "stay" の順でした。
7)　すべての論文は、以下の Web サイト「観光接触場面におけるホスピタリティと日

本語の役割 ── 日本のオモテナシとポライトネス」に掲載されています。<http://www.xj.u-tokai.ac.jp/touristtalk/publications.html>（2020 年 3 月 13 日閲覧）

8) 国際交流基金 (2019)「【ご報告】過去最多 142 の国・地域で日本語教育　2018 年度「海外日本語教育機関調査」結果（速報）<https://www.jpf.go.jp/j/about/press/2019/029.html>（2020 年 3 月 13 日閲覧）

9) 日本政府観光局（JNTO）『国籍／月別訪日外客数 2003〜2018』より算出。

10) 法務省 (2019)「令和元年 6 月末現在における在留外国人数について（速報値）」<http://www.moj.go.jp/nyuukokukanri/kouhou/nyuukokukanri04_00083.html>（2020 年 3 月 13 日閲覧）

11) 平成 29 年度の箱根町の調査では、旅館やホテルなどに宿泊した外国人旅行者は 536,978 人となっています。箱根町 (2018)「平成 29 年　観光客実態調査報告書」<http://www.town.hakone.kanagawa.jp/index.cfm/11,4559,c,html/4559/20180828-145558.pdf>（2020 年 3 月 13 日閲覧）

12) 有効回答のうち、英語で返答した人は 14 名 (66.7%) で最も多く、次いで日本語 4 名 (19%)、沈黙 1 名 (4.8%)、中国語 1 名 (4.8%)、仲間に助けを求める 1 名 (4.8%) でした。

13) 神奈川県の旅館 2 軒、東京の旅館 1 軒、京都の旅館 4 軒、奈良の旅館 1 軒、大阪の旅館 1 軒、広島の旅館 1 軒、宮城の旅館 2 軒、鹿児島の旅館 1 軒、山梨の旅館 1 軒を含みます。

参考文献

宇佐美まゆみ (2001)「二一世紀の社会と日本語 ── ポライトネスのゆくえを中心に」『月刊言語』30(1), 20-28.

加藤好崇 (2014)「観光立国を目指す日本のツーリスト・トーク再考 ── 和式旅館における観光接触場面」『東海大学大学院日本語教育学論集』1, 1-18.

加藤好崇 (2015)「箱根地区における外国人観光客の言語問題と多言語表記　第 1 部 問題調整としての多言語表記分析の枠組み ── 和式旅館の多言語表記「貼り紙」の分析」『東海大学日本語教育学論集』2, 1-17.

加藤好崇 (2017)「観光接触場面のツーリスト・トーク研究 ── 観光先進国に向けた新たなオモテナシの生成」『東海大学紀要国際教育センター』7, 1-22.

加藤好崇 (2019)「興味があるから訪日、在留。まず日本語で話しかけよう（話題の本編著者に聞く）」『週刊東洋経済』2019 年 9 月 28 日号, 138-139.

加藤好崇（編著）(2019)『「やさしい日本語」で観光客を迎えよう ── インバウンドの新しい風』大修館書店

ネウストプニー, J. V. (1994)「日本研究の方法論 ── データ収集の段階」『待兼山論叢 日本学編』28, 1-24.

Cohen, E., & Cooper, R. L. (1986) Language and tourism. *Annals of Tourism Research, 13*, 533-563.

第**4**章

タイ英語学習のすすめ

観光コミュニケーションの考え方

渡辺幸倫・宮本節子

「タイ英語を学ぶ」といえば奇異に聞こえるかもしれません。しかし、日本の観光現場ではこのような態度が重要となってきています。2019 年の訪日旅行者 3,180 万人のうち、75% 以上は英語を国語や公用語としない国からの人々でした。確かに、近年中国語、韓国語をはじめとする多言語対応が進められています。しかし、旅行者の母語（中国語や韓国語など）や日本語でコミュニケーションがとれない場合には、英語に頼らざるを得ないのも現実です。ここで受け入れ対応の言語的な課題となるのは、3,100 万人の旅行者が、それぞれ異なる特徴を持つ英語を話しているという事実です。この章では、さまざまな特徴を持つ英語に対応する際の考え方について、タイ英語の学習を事例に考察していきます。

1. はじめに

　訪日旅行者の増加に伴い、観光コミュニケーションのあり方はどのように変わってきたのでしょうか。2018年の訪日旅行者[1]を主要な使用言語（国籍から推定）で見てみると、中国語話者（中国、台湾、香港など）が49.2%（1,534万人）、韓国語話者（韓国）が24.2%（754万人）、英語話者（アメリカ、イギリス、オーストラリアなど）が9.3%（290万人）となっています。これに伴い世界的な共通語として理解されている英語に加えて、近年は中国語、韓国語などをはじめとする多言語対応が進められています。旅行者の言語での対応は理想の一つであるとしても、ますます多様化する訪日旅行者の言語すべてに対応するのは、非現実的といわざるを得ません。本章で取り上げるタイ語話者（タイ）は、使用言語別で第4位の3.6%（113万人）を占めており、訪日旅行者の多言語化の象徴的な存在といえるでしょう。

　この100万人を超えるタイ人旅行者は、日本でどのようなコミュニケーションをとっているのでしょうか。近年、タイからは個人旅行者が多く、団体旅行者は20%程度にすぎません。ツアーガイドなどの助けを借りられる団体旅行者に比べて、個人旅行者にとって「日本人」とのコミュニケーションは現実の問題です。タイ人旅行者は「日本ではあまり英語が通じない」と考えているものの、タイ語のみでスムーズに旅行ができるとも考えていません。そうかといって、ほとんどの人にとっては日本語でのコミュニケーションも極めて困難です。そのため事前の入念な下調べやスマホアプリの利用に加えて、必要に応じて「英語」を話すのは現実的で当然と考えているようです。

　それではタイ人旅行者の話す英語はどのようなものなのでしょうか。英語はタイでも第一外国語として教えられています。日本と同様、アメリカ英語がモデルとされていますが、その「習熟度」の幅は大きいようです。インターナショナルスクールなどで英語による教育を受けた人は、大変流ちょうに英語を話しますし、学校で数年間学んだだけの人は「苦しみながら」母語のタイ語の影響の強い英語を話すということになります。

　一方、日本のホスピタリティスタッフ（観光業の中でも、ホテル、店員、ガイドなど直接お客様と接する仕事をしている人）は、English for Specific

Purposes（特定目的のための英語；ESP）という観点から観光コミュニケーションの場面を想定した英語を学んでいます。近年は訪日旅行者接遇のための英語学習教材も増えてきました。これらの教材では汎用性を念頭に、音声面では中性的な英語（＝ある特定の国の英語からの影響が少ない）が用いられるべきとされています（河原 2014）。しかし、現実には多くの場合がアメリカ英語がモデルに用いられてきました。ただし、中国、韓国をはじめとする訪日旅行者の多くも、第一外国語のモデルとしてアメリカ英語を学んでいることから、発話の訓練としてアメリカ英語をモデルとするのは適切といってよさそうです。しかし、音声言語によるコミュニケーションのもう一つの柱である聞き取りについてはどうでしょうか。本章ではこの点に着目し、訪日旅行者の増加と多様化に伴い日本の観光現場で共通語として使用される英語の現実を考えます。また、それに即した言語的受け入れ対応の課題として、旅行者の母語を反映した英語を理解するための方策を探ります。

2.　国際英語論の考え方

　近年、国際英語論を出発点に日本の英語教育を変えていこうという考えが広まっています（塩澤他 2016）[2]。その嚆矢となった Kachru（1985）は World Englishes（世界諸英語；WE）論で、世界中の国や地域を英語使用の状況をもとに分類し、英語が伝統的に家庭や社会で広く使われてきたアメリカやイギリスなどを Inner Circle（内円）、英語が公用語などとされ英語使用の制度化という歴史的背景を持つインドやフィリピンなどを Outer Circle（外円）、英語が外国とのコミュニケーションのための言葉として認識され、英語使用の制度化などの歴史的背景を持たない日本やタイなどを Expanding Circle（拡大円）として、3 つの同心円状に配置しました（図 1）。

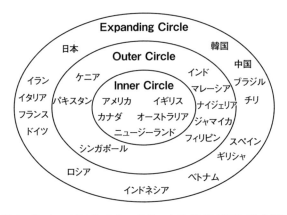

図1　Kachru (1985) の３つのサークル (吉川 (2016: 5) より)

　この分類の意図は、中心に位置づけられた Inner Circle 英語に「規範提供 (norm providing)」機能、つまり「正しい英語の基準」を示す力があることを認めつつ、Outer Circle 英語は、独自の英語がその社会で重要な役割を実際に担っている点を重視して「規範発展 (norm developing)」機能があるとしました。そして、Inner Circle が示す英語と異なっている点は、「間違っている」のではなく、新しい英語の使用方法を作っていると考えました。これによって、それまで劣ったものとされていた Outer Circle で使用される英語の正当性を主張したのです。背景には、政治的な独立を獲得したインドなどの旧英国植民地が言語的にも独立しようとする意志があったと考えられています。この考え方は、Inner Circle と Outer Circle の英語の平等性を訴えた点で画期的でした。しかし、その対比として、日本英語、タイ英語などの Expanding Circle に属する英語には自律性はなく、英語の新しい使用方法を発展させることができないため、より内側の Circle の示す英語に依存する (norm dependent) 存在とされ、それぞれの英語の特徴を記述する研究は進んだものの、異なる特徴を持つ英語話者同士の英語コミュニケーションへは強い関心が払われてきませんでした。

　しかし、近年日本を訪れる外国人の８割以上が Expanding Circle からの旅行者であるという現実を踏まえると、同じく Expanding Circle である日本のホスピタリティスタッフとの間で共通語として使われる英語コミュニケー

ションの特徴に注目せざるを得ません。このような英語コミュニケーショ
ンは、近年注目を集めている Jenkins (2007) の主導する English as a Lingua
Franca（共通語としての英語；ELF）論の主要な関心事でもあります。ELF
論は、使用される英語の形式に着目して研究を進めていった WE 論に対
し、使用されている英語の機能に着目し、英語を共通語として使う者（ELF
user）同士によるコミュニケーションを理解しようとしました。WE 論の英
語母語話者が提供する「正しい英語のモデル」と比較するという枠組みを離
れ、Expanding Circle の者同士、非英語母語話者同士のコミュニケーション
も、英語を共通語としたコミュニケーションが行われているという点で価値
あるものとして研究対象としたため、多くの Expanding Circle 英語使用者を
勇気づけました。

　本章では、日本語母語話者とタイ語母語話者が共通語として英語を使用す
る際のコミュニケーションについて取り上げます。日本における観光を目的
とした英語コミュニケーションの現場では、タイなどの Expanding Circle 英
語使用者、あるいは英語を学んで身につけた英語話者が便宜上の共通語とし
て英語を使用している場面が非常に多いです。しかし、それにもかかわら
ず、これまでは実際のコミュニケーションで使われている英語（たとえばタ
イ英語）を具体的、直接的に学ぶことによって円滑なコミュニケーションを
目指そうという考えはありませんでした。

　この背景には、アメリカ英語のような Inner Circle 英語をモデルとして学
ぶことを当然視するあまり、Expanding Circle 英語は学ぶ価値がないとした
思い込みがあったのではないでしょうか。しかし、共通語として使用される
英語によるコミュニケーション自体に価値を認め、そこでのコミュニケー
ションの円滑化や相互理解達成のために Expanding Circle 英語の学習が効果
的であれば、当然行われるべきでしょう。これは観光コミュニケーションの
場面で「何が話されているのか」を重視してきた ESP 教材作成の枠組みに、
実際に「どう話されているのか」という観点を取り入れるべきという指摘と
もいえるでしょう。

3. タイ英語は「難しい」か

　日本で話される多様な英語の中でタイ英語はどのようにとらえられているのでしょうか。タイ英語を学ぶことで、現場のコミュニケーションは改善する可能性があるのでしょうか。これらの問いに答えるために、2つの調査を行いました。1つはさまざまな英語に触れる経験がまだ少ない大学1年生を対象にした英語に対する言語態度の調査。もう1つは、現場での経験を踏まえた考えを知るために首都圏にあるホテルのフロントスタッフに行ったインタビュー調査です（宮本・渡辺 2017）。

3.1　大学生の言語態度調査

　訪日旅行者の母語は主に中国語、韓国語、英語、タイ語などが想定されますが、これらの言語の影響を受けた英語はどのように受け止められているのでしょうか。

〈調査概要〉
・対象者：大学1年生 72 名（TOEIC スコア 250-550 程度）
・方法：46 ワードの平易な英文（120 ワード／分）を日本英語、中国英語、韓国
　　　　英語、アメリカ英語、タイ英語、イギリス英語の順で聞き、それぞれ
　　　　の英語について「聞いたことがある（familiarity）」「発音が聞き取りや
　　　　すい（intelligibility）」「意味が理解しやすい（comprehensibility）」などに
　　　　ついて 4 点（4: とてもそう思う〜 1: まったくそう思わない）で評価した。

　この結果、予想通り Inner Circle 英語（アメリカ英語、イギリス英語）とExpanding Circle 英語の間で大きな傾向の差が明らかになりました。

表 1　各英語変種に対する評価の平均値

	Inner Circle 英語		Expanding Circle 英語		
	アメリカ	イギリス	中国	韓国	タイ
聞いたことがある	3.4	3.2	2.8	2.0	2.1
聞き取りやすい	3.6	3.4	3.1	2.2	1.9
意味が理解しやすい	3.5	3.2	2.9	2.3	2.0

　平均値をとることの是非はともかく、概して Inner Circle 英語、とりわけ
アメリカ英語への評価が高いことがわかります。これは通常の日本におけ
る英語教育のモデルがアメリカ英語であることの影響が考えられるでしょ
う。これに対して、Expanding Circle 英語はいずれも Inner Circle 英語に比べ
てなじみがないと感じられていることがわかります。さらに、「聞いたこと
がある」（familiarity）では、韓国とタイは同程度となっているものの、「わか
りやすさ」（intelligibility, comprehensibility）では、中国、韓国、タイの順に
減じていくという傾向が見られました。つまり、タイ英語は聞きなれない
Expanding Circle 英語の中でも相対的に、聞き取りにくく、理解もしにくい
と感じられ、コミュニケーション上の課題となり得ることがわかります。
　ただし、Expanding Circle の話者は、英語圏での数年にわたる生活経験が
あったり、日常的に英語を使用する仕事についていたりと、相当程度の英語
習熟度（≒ Inner Circle 英語との類似度）ではあるものの、各個人で相対的な
差もあると考えられます。そのため、必ずしも結果にあらわれた値の原因が
アクセントの差によるもののみと言い切ることはできないかもしれません。
この点の調整（たとえば、アクセントの程度をアメリカ英語を基準に同程度
となるように調整する）は現実的に不可能と思われますが、この調査の限界
といってよいでしょう。

3.2　ホテルのフロントスタッフへのインタビュー調査

　インタビュー調査では、実際に日々ホテルで外国人宿泊者との対応を行っ
ているフロントスタッフを対象に、ホテルにおける多言語対応のあり方につ
いて現場の声を聞いてみました。

〈調査概要〉
・対象者：首都圏にあるグレード（ツーリスト⇔デラックス）及び資本（日系
　　　　　⇔外資系）の異なる5つのホテルのフロントスタッフ合計5名
・方法：個別インタビュー
・主な質問事項：
　①勤務部署及び業務の概要、②職場における外国人顧客の割合とコミュニ
　ケーション時の使用言語について、③現在の勤務地の多言語資源の有無、
　④外国人顧客とのコミュニケーションで苦労した経験、⑤言語面でどのよ
　うな研修や訓練の機会があるか、またどのような訓練を希望するか

　多言語対応に対する考え方は、ホテルの立地やグレード、どこの資本かなどでも異なるようです。ただ、英語については、ビジネス／観光、団体／個人での利用に関わらず、ホテル側も顧客側も「ホテルという場では英語が共通言語である」という認識を持っているようです。この傾向は欧米系チェーンのホテルでは特に強いようで、あるホテルのフロントで働く方は次のように話していました。

　　（英語で話していて）訛りで中国語話者だと気が付いても、中国語で会話をする余地はないし、中国語で会話することをお客様も期待していない。　　　　　　　　　　　　　　（外資系ホテル勤務 24 歳女性）

　一方、英語以外の多言語対応は、個々のホテルによって大きく異なります。中国語・韓国語の習得が必須とされるのはまれですが、中国語や韓国語のネイティブスピーカーが雇用されていることはよくあるようです。ただ、勤務シフトの都合上、いつでもフロントにいるわけではないのも現実です。ある日系ホテルでは、中国語のできるスタッフをパート雇用し、宿泊者のための情報が書かれた小冊子を翻訳している例もありました。
　さて、このように日常的に英語が使われる現場で働いている方たちは、どのような英語を聞きやすく／難しく感じているのでしょうか。Inner Circle 英語は予想通り「聞きやすい」と感じられているようでしたが、Expanding Circle の中国英語・韓国英語については「慣れた」、あるいは「難しくはない」という言及が多く、学生時代に留学先で中国英語・韓国英語話者と親交を深めたことが役立っているとの発言が合わせてされることもありました。ここからは、聞き取りの機会を増やすことで Expanding Circle 英語にも対応が可能になることが示唆されます。
　しかし、タイ英語については少し違った反応がありました。あるホテルでは、中国語圏に次いでタイからのお客様が多いそうです。このスタッフの方によれば、タイ英語は特に発音が難しく対応に苦慮するときが多いが、さらに中国語と違い、いざというときもタイ語ネイティブのスタッフがいないため、タイ英語への対応が特に課題であるとのことでした。他にも難しい英語としてインド英語やベトナム英語があげられることもありましたが、全体と

してタイ英語が難しく感じられていることが確認できました。

　そこで英語研修について聞いてみました。英語力向上のための研修や補助はほとんどのホテルで行われているようで、業務の一部としていわゆるネイティブ講師による会話練習などの研修が行われたり、TOEIC の受験料が補助されたりする例もありました。しかし、ここで提供されているのは Inner Circle 英語に限定されていることもわかります。対策の必要性に反して「タイ英語を学ぶ」という視点が見られないということも確認できるでしょう。

　その一方で、現場のコミュニケーションを反映させたトレーニングを求める声も強いようです。どんなトレーニングが必要と思うかという問いに、次のように答えた方がいました。

　　　いろいろな発音のバリエーションが聞き取れるだけで世界が広がる。
　　　いろいろな発音やアクセントを聞けば聞くほど、実際に業務で耳にした
　　　ときにわかりやすいと思う。　　　　　　　（日系ホテル勤務 24 歳女性）

　「世界が広がる」という表現には、単なる意思疎通に留まらない英語の多様性への敬意と寛容な態度が示唆されているようにも感じられます。

4.　学ぶべきタイ英語の特徴

　観光現場の英語使用を念頭に置くと、日本側のスタッフはタイ英語を聞いて理解できればよく、話せるようになる必要はありません。また、日本英語の特徴と重なる部分を改めて学ぶ必要性も少ないでしょう。つまり、学ぶ対象は、タイ英語のみに見られる特徴で、これが同時に日本英語話者の理解を妨げる可能性の高い部分ということになります。少し複雑になりましたが、この関係を図 2 に示しました（カッコの中はアメリカ英語と同じでない部分を「間違い」と考える従来の枠組みでの表現を参考のため示しました）。

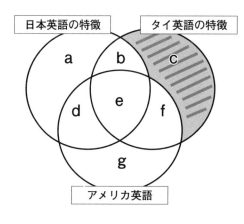

a=日本英語のみの特徴
（「日本人特有の英語の間違い」）

b=日本英語とタイ英語共通の特徴
（「日本人にもタイ人にも見られる英語の間違い」）

c=タイ英語のみの特徴
（「タイ人特有の英語の間違い」）

d=日本英語とアメリカ英語共通の特徴（「日本人には簡単だがタイ人には難しい部分の英語」）

e=日本英語、タイ英語、アメリカ英語三者に見られる特徴（「日本人もタイ人も簡単な英語」）

f=タイ英語とアメリカ英語共通の特徴（「タイ人には簡単だが日本人には難しい部分の英語」）

g=アメリカ英語のみの特徴（「日本人にもタイ人にも難しい部分の英語」）

図2　学ぶべきタイ英語の特徴の概念図

　一般の英語学習の枠組みでは、日本でもタイでもアメリカ英語（d, e, f, g）を学ぶことで、日タイ両者間のコミュニケーションを図ろうとしてきました。しかし多くの人が実際に身につけるのは、母語の影響から日本英語（a, b, d, e）やタイ英語（b, c, e, f）というのが現実です。そのため本章では、アメリカ英語の学習に加えて、cの部分（タイ英語のみの特徴）を学ぶことで、より直接的にコミュニケーションの円滑化を図る必要があると考えます。タイ英語のうち、eやfにあたる部分は通常の英語学習で学べますし、bの部分はアメリカ英語と異なるとはいえ、日本英語の特徴でもあるので、改めて学ぶ必要は少ないと考えられるでしょう。

　このような観点から、日本英語話者にとって学習が必要なタイ英語の特徴を発音と文法に分けて考えてみましょう。

4.1　タイの人が話す英語の発音

　恐らく日本人がタイ英語で特に「難しい」と感じるのは発音でしょう。先述の通りタイ英語話者は Inner Circle 英語（特にアメリカ英語）に近い英語を話す人もいれば、日本でいうカタカナ英語のようにタイ語発音の特徴が極めて強く影響した英語を話す人もいます。しかし、ほとんどの人の英語はこの

二つの形式の間にあると考えてよいでしょう。前者寄りの英語は一般英語教材に任せることにして、ここでは後者の英語に着目します。

　日本語母語話者の話す英語が「カタカナ英語」と表現されるのと同様、タイ語の発音がタイ英語に影響する仕組みとして、英語をいったんタイ文字に「置き換えて」発音していることがあげられます。当然、タイ語にない音は、タイ語にある近い音に置き換えるか、省略されてしまいます。

　また、アクセントについては、一般に英語は音節ごとに強弱のアクセントをつけるという特徴がありますが、これに対してタイ語は高低アクセントをつける声調言語です。そのため、タイ語母語話者は英語を話すときにも強弱アクセントをつけない場合が多く、さらに、いったん英語をタイ文字に置き換える際に、タイ語の声調が与えられ、全体としてタイ語調になることもあります。声調のない日本語母語話者が、タイ英語の聞き取りを難しく感じる理由の一つでしょう。

　以下、タイ英語の発音の具体例を、日本英語と比べながら紹介します。

単語の最後の子音はほとんど発音されない

　厳密にいうと、語末の子音を発音していないのではなく、タイ語の影響で語末の子音を無声音化する調音を行っており、日本語話者にはその音が聞き取れないという関係にあります。参考までに、タイ英語の発音をカタカナ化したものも提示しました[3]。日本英語では日本語の影響で語尾の子音は逆に省略されず、さらにおまけの母音がついてしまいます。

英語		タイ英語	日本英語
apartment	→	apartomen(t)（アパートメン）	apaatomento
donut	→	donu(t)（ドーナッ）	doonatsu

語尾の "l" が "n" の音に変わる

　タイ文字に置き換えたとき、"L" は、"ล" という字があてられます。語頭では、"l" 音なのですが、語尾の場合は、タイ語のルールをそのまま適用して「黙音」、または、"n" 音に変わります。一方、日本英語の場合には英語にない母音 "u" をつけることが多いです。

英語		タイ英語	日本英語
apple	→	appu<u>n</u>（アップン）	appuru
football	→	footobo<u>n</u>（フットボン）	footoboru

語尾の "s" 音が脱落・"t" 音に置き換わる

　タイ語では語尾に "s" 音がくることがありません。タイ文字による「置き換え」の際に語末の "s" 音は "t" 音のタイ文字（ด, ฑ, ฒ のいずれか）で書かれます。よって① "s" 音をまったく発音しない、あるいは② "t" の音に代わり、ほとんど聞き取れないか、"ッ" 音のように聞こえる場合があります。

　　　① 発音しない

英語		タイ英語	日本英語
spice	→	spy（スパイ）	supai<u>su</u>
price	→	pry（プライ）	purai<u>su</u>

　　　② "t" の音に代わる

英語		タイ英語	日本英語
gas	→	ga<u>t</u>（ガーッ）	gas<u>u</u>
rush	→	ru<u>t</u>（ラット）	rash<u>u</u>

日本英語と共通する特徴

　日本語母語話者が英語を学習する際に困難に感じる「/r/ と /l/」、「/th/ と /s/」の音は、タイ語母語話者にとっても難しいようです。これらの音については、聞き分けをする訓練を積むよりも、あまり気にせず、文脈による判断を優先するほうが現実的でしょう。

4.2　タイの人が話す英語の文法

　文法の面では、日本語母語話者の話す英語と似ているところが多くあります。日本英語と似ている点は、タイ語の影響をことさら意識しなくても理解を妨げることは少ないでしょう。

　まず、タイ語にも冠詞がないため、a, an, the を使わない場合が多いようです。名詞が単数か複数で語形変化したり、動詞が三人称単数現在形の s などの人称変化を起こさないといった傾向もあります。他にも、主語が省略されることも起こりがちで、否定疑問文や否定の付加疑問文への Yes/No の返答において、日本語母語話者と同様の特徴をみせます。これは日本語と同じように、相手のいう「納豆が好きじゃないんですか？」という発言内容の正しさについて、「その通り、私は納豆が好きじゃないです」という意味で肯定の返事を返す、タイ語の影響から来ています。例を見てみましょう。

A: Ah, you don't like *Natto*?
　（ああ、納豆が好きじゃないんですね？）
Thai: Yes. Don't like smell.*
　（はい。匂いが好きじゃないです。）
A: Me, too! It's too strong for me.
　（私もです。私には匂いが強すぎます。）
Thai: My sister don't like it before, but she like it now!**
　（私の姉（妹）も前は好きじゃなかったです。でも今は好きです！）

*　否定疑問文への反応。主語、冠詞の省略。
　Inner Circle のモデルに従った英語では "<u>No</u>. <u>I</u> don't like <u>the</u> smell." となる
**動詞の時制、人称による変化なし。
　上と同様に、"My sister <u>didn't</u> like it before, but she <u>likes</u> it now!" となる

　一方で、日本語と異なり、タイ語は動詞の時制変化がないことから、過去のことを話す場合にもより現在形を使いがちであったり、数詞が名詞の後に続くことから、"book two" という表現が、本 2 冊か、第 2 巻かは文脈から判断する必要があるなどの点もあります。タイ英語の文法的な特徴として知っておくとよいでしょう。

4.3　まとめ
　タイ英語にこれらの特徴があるという知識は、必ずタイ人訪日旅行者との

コミュニケーションに役立つことでしょう。しかし、タイ英語といっても個人によって大きく異なります。皆さんが話す英語がまったく同一ではないのと同様、タイ語母語話者のすべてがここで学んだ特徴を持つ英語を話しているわけではないことにはご留意ください。

5. タイ英語学習教材の使用者の反応

これまで述べてきたことに基づいて、タイ英語教材を作成し、1時間半ほどの実験的な授業を行いました（宮本・渡辺 2018)[4]。教材が想定している学習者は、日本国内の観光業、特にホスピタリティ関連への就職を目指す方ですが、実際にタイ英語学習教材を使用した人たちはどのように感じたのでしょう。

5.1 「タイ英語」のリスニング解説について

授業では先述のように、タイ語がタイ英語にどのように影響するのか、主に発音に焦点を絞って紹介しました。学習者にとってタイ英語を意識して聴くことは初めての経験であることが多かったようです。

タイ英語の具体的な特徴のうち、学習者が特に難しいと感じたのは「単語の語尾の子音の無声音化による語尾の消失」、「語の途中の二重子音の音の変化や消失」など、日本英語と対照的な子音の変化の仕方でした。その一方で、強弱アクセントの少なさやタイ語の影響による高低アクセント化については、それほど抵抗なく理解できるようでした。

5.2 タイ英語学習とカリキュラム全体の関係について

タイ英語学習は英語学習全体の中にどのように組み込まれるべきなのでしょうか。一般的な英語学習では「ネイティブ英語」をモデルとし、その駆使を目標にすることが多いでしょう。確かに現実の使用場面が想定できない時点では、このような汎用性を意識した、抽象化された英語を学習の基盤とすることが現実的です。しかし、インタビューからは、具体的な日本の観光コミュニケーションの課題解決を想定した学習を経験する（タイ英語を学習する）ことで、現実の言語ニーズに対応した学習の必要性への気づきが見受

けられました。あるカナダ留学経験もある方は、自分自身が想定する将来の英語使用現場を念頭に、次のように「英語の使用目的」と「そのための勉強」の関係を語っていました。

　　ビジネスで英語を使うためにはネイティブレベルの英語が必要だと思っていたけど、こういう特殊な英語を勉強することがビジネスでは役に立つんだなと気づいた。（大学 4 年生、女性）

　また、将来アジア圏を中心とした国際ビジネスやホスピタリティ関連の仕事に就職希望の学生からは、中国・韓国・タイ英語をある程度体系的に学習するべきという意見もありました。

5.3　タイ英語学習が英語への態度に与える影響について

　タイ英語のように、通常モデルとされる Inner Circle 英語と異なる英語を学習対象として学ぶ経験は、英語に対する考え方にも影響を与えているようです。もともと抱いていた Inner Circle に近づけて「とにかくきれいに話すべき」という英語の形式面を重視する態度から、「目的を持って相手と意思疎通する」という英語の機能面を重視する態度が強まったようでした。

　これまでは、聞き取りづらい英語を聞いたときに「もっときちんと話してほしい（＝モデルである Inner Circle 英語に近づけてほしい）」と思うこともあったようです。しかし、タイ英語について学んだことで、次のような発言に見られるような変化があったようです。

　　「あれっ」と思っても日本人の英語も変だし、（母語の）癖を持っているのはお互い様なので、癖を直すよりも互いの癖を少しでも聞き取ろうとするほうが大切だと思う。（大学 4 年生、女性）

　この発言には、Inner Circle 英語への近さを価値判断の基準としない、文化相対主義的な視点を得たこともうかがわれます。この方はフィリピンに 4 週間の語学留学経験がありました。フィリピンのように共通語として英語が話されている環境での英語学習も、彼女の英語学習観に影響を与えているの

かもしれません。

6.　おわりに

　英語は「事実上の世界共通語」といわれることが多いですが、いわゆる英語のネイティブスピーカーといわれる人々もそうでない人々も、同じようにそれぞれの地域やお国柄、受けた教育、環境に影響を受けた英語を話しています。訪日旅行者3,000万人時代を迎え、いろいろな英語を聞く機会が日本でも多くなりました。彼らが話す英語は、私たちが授業や教材で学んだ英語とは異なっている可能性が極めて高いです。そこでの「コミュニケーションをより円滑に行うための訓練はどのようにすればよいのか」という問いに対する本章の答えは、「既存のテキストの枠組みにとらわれず、現実のコミュニケーション自体をよく観察することから始めること」ということになります。

　結果的に一般的な教材で学ぶ英語とはかなり異なる英語を学ぶことになるかもしれませんし、ひょっとすると日本語や筆談、ジェスチャーや写真などを駆使することがより適切という場合もあるかもしれません。しかし、スムーズなコミュニケーションの実現のために、相互に努力することは、お互いの背景と密接に結びついた個人のアイデンティティーを尊重し合うきっかけにもなることでしょう。訪日旅行者とより良いコミュニケーションをとろうと意識し、備えることは、「接客を目的とする英語」習得の基礎であるといってもよいでしょう。

　本章で取り上げたタイ英語学習教材は、タイ英語に慣れる機会を提供するという意味で有用なのはいうまでもありません。しかし、その学習経験を通して多様な英語、多様な言語への寛容性を高め、観光現場のコミュニケーションのニーズの実情に沿った言語学習を行うことにつながればと願っています。皆さんの現場には、どんなコミュニケーションのニーズがありそうですか。

［注］

1)　日本政府観光局「訪日外客数の動向」<https://www.jnto.go.jp/jpn/statistics/visitor_trends/
index.html>（2020 年 4 月 23 日閲覧）

2)　「国際英語論」はこれからの日本の英語教育を大きく変えていく可能性のある考
え方です。比較的新しい考え方なので、まだ論者によってもさまざまな立場や解
釈の幅があります。関心を持った方はぜひ参考文献にあげた『「国際英語論」で
変わる日本の英語教育』（くろしお出版）を一読してみてください。

3)　タイ英語の音をカタカナ表記したものですが、タイ語声調の影響のため、カタカ
ナ読みをしてもタイ英語の発音を再現することは難しいでしょう。

4)　この結果を踏まえて作成した Web 教材 *Understanding the English
of Thai Visitors*（タイ人観光客への英語接遇）には、右記 QR コー
ドからアクセスできます。<http://sagami-englishes.com>（2019 年
3 月公開）

参考文献

河原俊昭（2014）「観光英語の授業に関するチェックリストの作成とその意義」塩澤
正・榎木薗鉄也・倉橋洋子・小宮富子・下内充（編）『現代社会と英語 ―― 英語の
多様性をみつめて』金星堂，pp. 242-252.

塩澤正・吉川寛・倉橋洋子・小宮富子・下内充（2016）『「国際英語論」で変わる日本
の英語教育』くろしお出版

宮本節子・渡辺幸倫（2017）「日本における「タイ英語」の認識について ―― ホテルス
タッフへのインタビュー及び大学生の意識調査の分析」『相模女子大学文化研究』
35, 25-35.

宮本節子・渡辺幸倫（2018）「訪日タイ人観光客への英語接遇を目的とした ESP 試作
教材の作成」『相模女子大学文化研究』36, 3-24.

吉川寛（2016）「国際英語論とは」塩澤正・吉川寛・倉橋洋子・小宮富子・下内充
（2016）『「国際英語論」で変わる日本の英語教育』くろしお出版，pp. 1-24.

Jenkins, J. (2007) *English as a lingua franca: Attitude and identity.* Oxford University Press.

Kachru, B. B. (1985) Standards, codification and sociolinguistic realism: The English language in the
outer circle. In R. Quirk, & H. Widdowson (Eds.), *English in the world, teaching and learning the
language and literatures* (pp. 11-30). Cambridge University Press.

付記

　本研究は科学研究費「学習対象としての周縁的英語論の試み ―― タイ人訪日旅行経
験に基づくタイ英語の教材化」（挑戦的萌芽研究、研究課題番号 16K13272）の助成を
受けたものです。

第 **5** 章

観光と地域変容

ニセコ観光圏の事例

山川和彦

観光客の増加は地域を活性化すると考えられています。それだけではなく、地域のことがメディアで紹介されたり、外国人が訪問してくれたりすることで、生活する人々が自分の地域を誇りに思うこともあるでしょう。その一方、観光客が多くなることでバスに乗れない、ごみが増えた、言葉が通じなくて説明できないといった困り事もあります。北海道ニセコ観光圏では、オーストラリアをはじめとする外国人旅行者と、観光関連業などに従事する外国人住民が増加することで、旅行者と定住者の区分が薄れ、英語が公用語とさえ言われる事態が生じています。この章では、ニセコ観光圏を例として観光による地域変容と言語の問題について考察していきます。

1.　はじめに

　ニセコというと、近年、外国人スキーヤーの増加、地価の高騰などの話題がマスコミで報じられています。確かにスキーシーズンになると、外国人旅行者が一気に増えて、日本人に会うほうが少ないと言ってもまんざら嘘ではないと思うほどです。このような外国人旅行者の増加は、地域社会にさまざまな影響を与えることになります。地域が受け入れることができる旅行者数を超えているという意味で、キャパオーバーとか、オーバーツーリズムと感じている住民も多いようです。そこで、この章では、外国人旅行者の増加により言語面において地域がどのように変容しているかを考えます。

　まず、ニセコについて簡単に整理しましょう。この章では、地域名称としてよく使われる「ニセコ観光圏」という表現を用います。行政的には倶知安町、ニセコ町、蘭越町をあわせた地域を指し、標高 1,308 m のニセコアンヌプリを中心に、ニセコ山系の裾野に広がる地域のことです。ここには、ニセコグラン・ヒラフ、ニセコ HANAZONO リゾート、ニセコアンヌプリ国際などのスキー場があり、その周辺部には宿泊施設が立地しています。スキー場は 1960 年代から徐々に発展していき、70〜80 年代にはペンションを経営する日本人移住者も出てきました。80 年代後半にスキーブームが頂点に達しますが、その後のバブル崩壊により、ニセコは次のステージを迎えることになります。

　90 年代になってニセコに魅了されたオーストラリア人が移住してきます。日本人女性と結婚し、起業するオーストラリア人も出てきました。「オールドカマー」とも言うべき彼らが、その後の旅行者にニセコの魅力を伝えていくことになるわけです。

2.　ニセコ観光圏の外国人の動向

　ニセコ観光圏は 3 町からなりますが、観光事情は町により異なり、外国人延べ宿泊日数が最も多いのは倶知安町です。これは、スキー場に隣接した宿泊施設の多くが倶知安町内に入るためです。まず、倶知安町を例に外国人旅行者の宿泊数の変化を見ますと、2000 年度には 849 人であったのが、

2003 年度 4,006 人、2007 年度 23,955 人、そして 2018 年度には 151,038 人
に増加しています[1]。延べ宿泊日数を外国人宿泊者数で割った平均宿泊日数
を比較すると、倶知安町とニセコ町とでは大きな差が出てきます。シーズン
的にも冬に集中する倶知安町に対して、ニセコ町は夏にも滞在があることが
わかります（表1）。

表1　ニセコ観光圏の外国人旅行者動向（2018 年度）

	外国人宿泊者数 （人）	延べ宿泊日数 （泊）	平均宿泊日数 （日）	延べ宿泊日数の 10－3 月期の比 率（%）
倶知安町	151,038	464,969	3.08	90.5
ニセコ町	134,702	217,181	1.61	73.7
蘭越町	262	650	2.48	90.6

＊北海道後志総合振興局、観光統計より作成。

　旅行者の国籍はオーストラリアについで、香港、シンガポールといった英
語通用圏が多く、最近は中国が増加傾向にあります。倶知安町の延べ宿泊日
数に対するオーストラリア人の比率の変化を見ると、2003 年には 86.1% で
あったのが、2018 年には 25.0% に低下しています（表2）。それだけ旅行者
の多国籍化が進んでいると言えます。なお、ウィンターリゾートを目的とし
た旅行者は比較的滞在期間が長いことがあげられます。

表2　英語圏からの外国人延べ宿泊日数の推移（倶知安町）　単位：泊

	2001 年度	2003 年度	2013 年度	2018 年度
全延べ宿泊日数	4,216	27,312	273,928	464,969
オーストラリア	1,684	23,510	143,904	116,164
香港	821	1,429	45,438	78,040
シンガポール	48	74	24,275	50,873
中国	1	26	6,920	38,230
オーストラリアの比率（%）	39.9	86.1	52.5	25.0

＊年号は年度を指す。倶知安町観光資料より作成。

　90年代初めに旅行客として来日し、その後定住、アウトドアや不動産に関連する事業を展開する外国人が出てきます[2]。倶知安町の外国籍住民数（12月末）は、2003年にはわずか80人、その後徐々に増加し、2012年に491人になりました。2015年に1,045人、そして2018年には1,978人と急増しています。2018年の国籍数を見ると、55ヵ国になっています。最も多いのはオーストラリア人で全体の30.0%を占めています。続いてイギリスが22.2%、このほか欧米、アジア諸国だけでなく、南米のアルゼンチン、南アフリカからの外国籍住民もいます。ニセコ観光圏のグローバル化が進展している証しと言えます。業務内容としては、宿泊・飲食、アウトドア、不動産管理などですが、夏場のスポーツとして有名なラフティングはネパールがメッカであり、当初はネパールからインストラクターとして来日していました。このほか国外に展開する系列ホテルから研修スタッフとして派遣される場合もあります。外国籍住民の特徴に関しては、季節性にふれておく必要があります。ニセコ観光圏は12月〜3月にかけての冬場に旅行者が多い観光地です。観光客の増加と同時に人手が必要になるため、外国人の中には、特定活動（ワーキング・ホリデー）の在留資格で滞在する人もいます。

3.　エリアにおける言語マネジメント

　ウインタースポーツを目的としてニセコ観光圏に来る旅行者の多くは、地元で「山」と言われているグラン・ヒラフスキー場周辺に宿泊しています。一方で、地元生活者は「まち」と言われる市街地が生活拠点です。この間、車で10分程度の距離ですが、景観的にも機能的にも差異があります。「山」にはホテルやコンドミニアムなどの宿泊施設を中心に、コンビニエンスストアや飲食店が若干あるものの、店舗数が少ないことから、旅行者の中には「まち」へ飲食、買い物のために出ていく人も多くいます。そこで「まち」の中で外国人旅行者と地元住民が接触する場面（コンタクト・ゾーン）が形成されることになります。このような外国人旅行者に関連する特性はどのような地域変容を引き起こし、それが言語とどのように関係しているのでしょうか。「山」（図1の◇で示したヒラフ地区）と「まち」（図1の○で囲んだ倶知安市街）に分けて、地域的な言語状況を概観してみます。

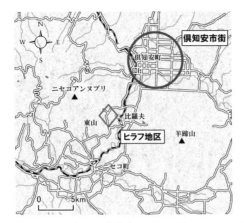

図1　倶知安町の市街地とヒラフ地区（筆者作成）

3.1 「山」

　この地域では、もともとホテルやスキーロッジ以外にペンションが多くありました。そのオーナーの中には海外生活経験者もいたことから、オーストラリアからのスキー客の受け入れに抵抗がない人もいました。このようなオーナーの存在が、コンドミニアムの建設ラッシュ前に、オーストラリア人旅行者の受け入れ先になっていたと考えられます[3]。

　不動産を所有し、事業を展開するオーストラリア人が増加すると、外国人へのプロモーション活動を行うために一般社団法人ニセコプロモーションボード（NPB）という組織ができました（2007年）。その活動は、国内外へのプロモーションを行うと同時に、地域の持続的発展や経済的活性化、地域価値の向上にも関連するもので、外国人も理事を務めています。また、外国人が所有するコンドミニアムを管理していく企業もできてきました。このような法人は一年を通して事業を行い、かつ外国人を相手とすることから、外

写真1　ニセコグラン・ヒラフから見る羊蹄山（早坂優撮影）

国人の雇用が進むと同時に、事業所内
では英語使用が前提とされています。

2014年には、「倶知安町ニセコひら
ふ地区エリアマネジメント条例」が制
定されました。これは外国籍住民が増
加する中、地域コミュニティ作りなど
地区の持続性を求めたものです。この
条例には直接的に言語に関する事項が
あるわけではありませんが、日本人住
民と外国籍住民とのコンタクトが前提

写真2　開発が続く「山」エリア
（倶知安町字山田：2019年10月撮影）

とされていると言えます。今も「山」エリアは、宿泊施設の建築など開発が
進んでいます（写真2）。

　「山」に外国人旅行者が多いことは言語景観を見てもわかります。表3は
2011年に筆者が調べた標示物の件数を整理したものです。「山」では英語の
みで書かれた看板が116事例と約半数です。それに対し「まち」では30事
例、全体の2割に達しません（山川2011）。

表3　看板に使用されている文字・言語事例数（2011年）

	山 （ヒラフ坂周辺）	まち （都通り周辺）
調査総数	225	160
日本語	83	106
ローマ字	16	19
英語	116	30
その他	10	5

　2019年1月に「山」の中央部にあたるヒラフ十字路バス停周辺で飲食を
販売するキッチンカーの車体および立て看板の表記を観察したところ、19
事例のうち文字表記のないものが2事例、あとの17事例はすべて英語が書
かれていて、日本語を併記したものは4事例にすぎませんでした。この4
事例はメニューの英語表記を主として一部で日本語を副次的に書き添える形

です。販売員の中には外国人もいることから、仮に日本人が写真を見て注文しようとしても英語表記の発音ができないと注文できないという事態になります。

英語による表記は、単に単語を英語に置き換えただけではなく、その商品が何であるのか説明する場合もあります。たとえばあるコンビニエンスストアでは、お弁当に対して「Buta-don

写真 3　英語が併記された道路工事情報 (2019 年 10 月撮影)

（改行）A bowl rice with grilled sliced pork and onion」のような表示がされていました。このような説明的表示は、日本語を理解できない住民や旅行者には有益ですが、視覚的に英語が多く書かれているという印象を与えることになります。

3.2 「まち」

倶知安町には国鉄時代に胆振線の分岐駅であり機関区があったこと、そして自衛隊駐屯地があることから、この地域の中心的機能を持った都市として発展し、市街地には行政機関、商店や飲食店が存在しています。「山」には飲食店が少ないことや、長期滞在者が日常の買い回り品を求めて市街地に来ることから、外国人と日本人住民との接点が出てきました。

オーストラリアからの旅行者が増加し始めた当初から、店舗それぞれが英語による接遇を努力しています。まず倶知安商店連合会では、市街地にある飲食店の地図と紹介冊子の英語版を作成しています。そして飲食店では、看板やメニューに英語を併記するという対応が見られます。市街地にあるスーパーマーケットでは、スマートフォンの翻訳アプリを活用すると同時に、アナログな方法で対応していました。たとえば、閉店時刻になっても帰らない外国人に対して、閉店を知らせる紙片を配って対応していました。当初の頃はタクシー会社でも英語研修をしていました。外国人対応できることが増収につながるからです。「まち」では英語が生活と密着化してきたと言えます。地域の拠点病院では、町の支援を受けて冬期に外国人対応の受付スタッフを

配置しています。

　飲食店では、外国人とのコミュニケーションというよりは、文化的な差異、たとえば食べかすを床に捨てるなどの生活習慣上の差異に困惑するという声が聞こえました。なかには英語対応ができないことを理由に、日本語ができない顧客を断るという店舗もありました。

　ニセコ観光圏における外国人旅行者の増加が地域経済の活性化にもつながるという認識は比較的早くからあり、経済産業省北海道経済産業局は、インターネット回線を利用した遠隔通訳サービスの実証実験を 2008 年 12 月〜2009 年 2 月にかけて実施しています。病院などいくつかの拠点と東京在住の外国人協力者をつなぐものですが、利用率は低かったようです。顧客と店主のような、その場において即時性を求めるコミュニケーションには、操作に時間のかかる遠隔通訳を介する必要がなかったようです。

4.　「英語化」の進展

　このように外国人が旅行者としてだけではなく居住者としての生活空間ともなっていくニセコ観光圏では、地域の「国際化」、外国人との「共生」といった概念が取り上げられるようになります。ここでは、最近の事情を指摘しておきます。

4.1　英語圏意識の定着

　オーストラリア人の定住者が多くなることで、ニセコ観光圏でビジネスを展開するには英語能力が必要であるという認識が形成されてきました。初期の移住者の中には、日本語を話すことができる人もいますが、後に移住してくる人の多くは、日本語を学習していこうという意識は少ないようです。このようなこともあって、ニセコで仕事をするには英語が必要であるとか、ニセコは英語圏という認識が広がっていった感があります。特にワーキング・ホリデーとしてやってくる外国人は、日本語能力が低いのが普通のようです。

　英語と一言で言っても、さまざまな変種が話されていることになります。オーストラリア出身者が多いこともあって、オーストラリア英語を耳にす

ることが多いですが、倶知安町には、オックスフォード英語検定の認定を
受けている語学学校（2013 年開校）があり、小中学校の英語 ALT（Assistant
Language Teacher）はイギリス人です。母語を英語としない外国人が使用す
る英語、「カタコト英語」と言われる日本人の英語活動まで含めると、複数
の英語変種が並存する状態になっていると言えます。

4.2　行政などによる英語教育支援

　観光立国推進、地方創生政策を受けて、人材育成の視点で英語教育の支援
が行われつつあります。グローバル人材育成の文脈から、「英語のあたりま
え化」という表現も見られるようになりました。
　ニセコ町では、北海道インターナショナルスクール・ニセコ校（Hokkaido
International School; HIS）が 2012 年 1 月に開校しました[4]。町の小学校をは
じめ、地域との交流も行われています。ニセコ町に関しては英語教育だけで
はなく多文化政策に特徴があるため、詳しくは **5.2** で取り上げます。
　倶知安町では、2017 年度に小中高の英語連携事業の一環で、英語使用の
機会を提供するイングリッシュデイキャンプの開催や、中高の英語教諭が小
学校で授業を行う交流が行われています[5]。そして倶知安ロータリークラブ
が主催となって、英語観光案内コンテスト（2016 年～）、町民向けの英語研
修も行われています。

4.3　観光資源化する英語

　「ニセコ観光圏＝国際リゾート＝英語」という構図から、英語を使いなが
ら活動することを目的としたアルバイトやインターンシップに来る日本人が
少なくありません。北海道後志総合振興局では ShiriBeshi 留学（通称ニセコ
留学）というプログラムを行っています[6]。これは「インターンシップ・国
際交流・地域交流をパッケージ」としたもので、地域企業での 1 ヵ月程度の
インターンを核としています。参加者の多くは英語を使った活動体験に惹か
れています。このほか、子供向けの English ホームステイキャンプツアーも
実施されたことがあります。これらの現象は、上述してきたようにニセコ観
光圏で英語が使用されていることに連動する現象で、いわば英語使用が地域
資源の一つになっていると言えます。

5. 今後の課題と発展

　ここまでニセコ観光圏の状況を見てきました。言語的に言えば英語の需要が高まり、地域住民の順応、日本人移住者を含めた共生社会の形成と言えると思います。ここでは、現在、萌芽的に見られる現象を取り上げ、今後の観光と地域変容について述べていきます。

5.1　多言語化傾向

　ニセコ観光圏では英語圏からの旅行者が先行したこともあって、隣国からの旅行者の比率が高い北海道のほかの地域とは状況が異なっていました。しかし、ニセコ観光圏も近年、中国からの旅行者が増加傾向にあることから、今後中国語の需要が高まると考えられます。ハローワークの求人情報などを見ると、中国語に関する記載が増加傾向にあります。たとえば、2017年末に開業した医療施設の事務職員募集の案内は、中国語で書かれています。「山」に出店したドラッグストアでは、求人広告において「中国語もしくは英語」を必要条件と課しています。スキー用品のレンタルショップでは、英語が堪能である上に、中国語、広東語ができる人材を優遇するとあります。さらに中国人が経営するレストランでは、厨房スタッフは日本語を話せなくても応募可能とあります。すでに示したように、外国籍住民の出身国がかなり多様化していることから、言語景観に顕在化することはないとしても、多様な言語が使用されていることが想定されます。

5.2　文化的多様性と言語教育の必要性

　ニセコ観光圏が世界的に知られるようになると、今まで以上にさまざまな国からのスタッフがニセコに集結する可能性があります。そうなると共通に通じ合う英語でやりとりすれば、現地語（日本語）ができなくてもよいという状況になります。幾分大げさな言い方になりますが、スキーとかビジネスとかいう視点で世界を渡り歩く、ここは一時的な滞在地という人も出てくるでしょう。世界を移動する、「グローバル」という視点です。このようなグローバル化の影響は教育にも現れています。「山」にある小学校（分校）では、児童のほとんどが移住者の子供で、その中には両親のどちらかが外国籍

である、いわゆるハーフの児童も多くいます。授業を日本語で行うことに問題はないとのことですが、教室が外国のようであるとか、異文化空間であると表現する人もいる状況です。2018 年度には倶知安町内の小学校で両親ともに日本語を理解しない児童が入学しました。そのような児童を受け入れた小学校では、通訳者を授業に配置することや外国語活動の時間に日本語の取り出し授業を行うなどの措置を執っています。非英語圏から来ている児童は、授業言語である日本語、授業科目としての英語を学習することになりますが、くわえて母語教育の必要が生じてきます。これはいわゆる言語権の保障と関係してきます。

　ニセコ町では、「多文化共生や異文化理解、国際理解を推進することを目的として、翻訳・通訳、外国人住民の支援や観光客の手伝い、交流イベントの実施、言語会話教室や学校訪問」などを行う国際交流員が採用されています。2019 年時点では、中国、アメリカ、ドイツ、アイルランドから合計 4 人の交流員が勤務しています。国際交流員は数年で交代しますが、複数の国の出身者が出身地の文化をニセコ町民に伝えるイベントに参加し、地元の FM ラジオに出演することもあります。また、ニセコ町立ニセコ高校で国際交流教育に関わることもあります。

5.3　地域社会の多様化

　筆者が定期的にニセコ観光圏を訪れている中で、「山」の開発、特に外国資本によるリゾート化に対する町民の思いが複雑であると感じることがままあります。倶知安町が第六次総合計画を作成するにあたり実施した「第六次総合計画町民アンケート」では、町が行う施策の中で「重視しなくてもよい施策」のトップにあげられたのが「町全体の国際リゾート化」でした。これに関連して述べておきたいことは、市街地への外国人の進出です。倶知安町では「山」でのコンドミニアム建築と同時に、「まち」では北海道新幹線倶知安駅の建設に伴う再開発が進んでいます。そのため地価が上昇し、バブル期を超えたとも言われています。市街地の商店街では、後継者不足もあって不動産を手放す地元民、それを購入する外国人という構図ができてきました[7]。スキー場周辺はともかく、倶知安市街地の店舗も外国人によって買収されていくことを、不安に思う町民も出てきます。同時に「山」と「まち」

という地理的・社会的対称性が薄れてきて、多様なアイデンティティが存在するようになっているようです。農業従事者の中には冬期に観光産業に従事する人もいます。仕事を通じて人とのつながりが生じ、もはや「山」と「まち」という区分をする人はいないのでは、という人もいます。

　この農業を含め、北海道後志総合振興局では、「リゾートと地域が連携・交流し共に発展する国際リゾートエリアの形成」を目指した施策として、日本人および外国人の人材のマッチングを行っています。倶知安町だけとっても 2019-2020 年冬期の外国籍住民数は 2,600 人を超えました。多くはスキーシーズンの終わりと同時に帰国してしまいますが、その外国人材を夏場にも活用できないかという施策が行われつつあります。ニセコ観光圏はもともと農業地域でもあることから、農業への外国人就労も想定されています。そうなると、コミュニケーション上の課題が出てきますので、言語サポートも今後必要になってくる可能性があります。

　さらにニセコ観光圏の発展は、周辺にも変化をもたらします。隣接する岩内町では、郷土館の展示説明に英語を併記するなど、ニセコ観光圏からの旅行者の受け入れも想定されるようになってきました。

6.　おわりに

　この章では観光と地域変容の事例として、北海道ニセコ観光圏を取り上げました。現在のニセコ観光圏を一言で言えば、「外国資本の増加による観光開発、言語的には英語も共通語として使用している」ということになります。その進展していく過程として、外国人旅行者に対する言語的な接遇の工夫は現場レベルで進みつつも、国際観光が地域の重要な政策課題になっていく段階で、行政的な言語政策が施行されてきたことがわかります。情勢として英語志向は避けられないわけですが、ニセコ町においては多文化志向が明らかですし、倶知安町でも英語教育の重要性をうたいつつも、生活者間の（日本語による）コミュニケーションの必要性も認識されています。

　ニセコ観光圏の事例では、旅行者と定住者、その中間にあるワーキング・ホリデーによる外国人、さらに英語志向の日本人まで入れると、もはや観光客接遇のための言語、外国人生活者のための言語という括りが崩壊していく

ことが察せられたかと思います。

　居住人口を上回る外国人旅行者が流入し、地域生活が変容していく可能性
は、日本のどこにでもありうることです。ここに紹介したニセコ観光圏はそ
の一つの先駆的事例です。

［注］

1) ここに掲載する観光統計は、町が調査し北海道がとりまとめたものです。たと
　えば 2015 年発行「倶知安町観光客入込み状況」では、宿泊施設の調査回答率が
　61.1% であることが記されています。年度により回答状況が異なることから、厳
　密な意味での年次比較はできませんが、発表されている数値がこれ以外にないこ
　とから、ここではこの統計を使用しました。実際の外国人宿泊者数は、数値より
　も多いと想像されます（呉羽 (2017) も参照）。
2) 倶知安町の外国法人件数は 2003 年には 10 件でしたが、2008 年には 69 件に増加
　しています（倶知安町発行「くっちゃん観光の概要 2009 年版」による）。
3) 2011 年に聞き取りをした日本人ペンションオーナーの話では、オーストラリア人
　スタッフ 4 人を中心として、年末年始には英語能力がある、または英語を勉強し
　たい日本人を使用しながら経営しているとのことでした。その後、日本人が経営
　していたペンションの多くは高齢化などの理由で廃業し、現在は小規模のコンド
　ミニアムが建設されています（ひらふスキー場発達史刊行委員会 (2011) も参照）。
4) ニセコ町は既存の幼稚園を国際交流施設として改修し、校舎を HIS へ無償貸与し
　ています（「広報ニセコ」(2018 年 6 月) を参照）。
5) 倶知安町では「まち・ひと・しごと」地方創生予算を活用して実施しました。
6) ShiriBeshi 留学は、冬期、夏期に行われ、2020 年 2 月（第 8 期）までに累計 203 名、
　類型受入企業 35 社となっています。受入企業は、宿泊・飲食、不動産管理が主
　たるところです。
7) かつてはスポーツ店であった店舗を、外観はそのままにしてダイニングとして営
　業している店舗もあります。

参考文献

呉羽正昭 (2017)『スキーリゾートの発展プロセス ── 日本とオーストリアの比較研
　究』二宮書店
ひらふスキー場発達史刊行委員会 (2011)『ニセコパウダーヒストリー ── ひらふス
　キー場リフト開業 50 年』ひらふスキー場発達史刊行委員会
山川和彦 (2011)「北海道倶知安町の言語景観と地域ルールについて」『麗澤大学紀要』
　93, 137-156.

Column ②
奄美大島の観光と言語

橋内 武

▲いもーれ奄美へ！
（英・韓・中も併記）

▲サンプリンセス号

奄美大島は鹿児島から 380 キロ南にある奄美群島の主島。亜熱帯にある隆起珊瑚礁の緑濃い島です。空路訪島する場合には、笠利半島東岸にある奄美空港に降り立ちます。空港出口の屋外看板には、「いもーれ奄美へ」（いらっしゃい、奄美へ）とあり、奄美語で旅人をあたたかく迎えます。

▶ 店名と行事名に生きる奄美語

景勝地あやまる岬には「みしょれカフェ」があります。「みしょれ」とは召し上がれの意。旧空港跡には奄美パークがあり、「日本のゴーギャン」こと田中一村を記念する美術館には、奄美の色彩溢れる風景画が展示されています。また、土浜には「奄美リゾートホテル ティダムーン」があります。「ティダムーン」とはティダ（奄美語）とムーン（英語）からなる混種語で、太陽と月の意です。

さらに車を走らせ、用安のホテル・レストラン「ばしゃ山」で食事。「ばしゃ山」とはバナナの葉に似たイトバショウの群落ですが、器量の悪い女ならば「ばしゃ山」でも支度品にしないと嫁に行けない、という伝承もあります。その向かい側には「けんむん村」があって、塩作り、島唄体験、島のお菓子作りなどの島民体験をすることができます。「けんむん」とは、ガジュマルで暮らすいたずら好きな妖怪のこと。龍郷町屋入まで行けば、「けいはんひさ倉」があります。鶏飯とは、ご飯の上に椎茸・海苔・鶏肉・錦糸卵に薬味を乗せ、鶏のスープをかけて食べる、おもてなし料理です。

船旅の場合は、鹿児島からの夜行フェリーで早朝、名瀬に上陸。港の西側入口には、「島育ち」にも唄われた「沖の立神」（神が降り立つ岩）が見えます。その名瀬にも方言色豊かな店名が並びます。島の食材を売る「食鮮市場＠やっちゃば」、藍染め・泥染め製品を販売する「さねんばな」、居酒屋「むちゃか

な」、「ふりむん」、レストラン「あさばな」。シマウタ（島唄）を聴きたければ、「かずみ」か「吟亭」がお薦め。三線に合わせて、「あさばな」から始まり、最後の「六潮」で最高潮に達します。シマとは集落のことです。

　8月上旬の奄美まつりは、島内最大のイベントです。「しまあすびの夕べ」から始まり、花火大会・舟こぎ競争・やちゃ坊相撲大会に熱狂し、パレードで終わります。「しまあすびの夕べ」に、唄者と児童が出演、シマウタと伝承遊戯の競演です。花火は三千発打ち上げます。舟こぎ競争は中国から伝来したペーロンの一種。「やちゃ坊」は民謡に唄われたトリックスター。最終日の市内パレードでは、チジン（太鼓）の音にのって八月踊りを踊りまくります。以上の店名や行事名などは琉球諸語の奄美語に由来し、伝承文化を彷彿させると同時に、フォークロリズムとして観光ビジネスを活性化させます。

▶ クルーズ船寄港と多言語通訳サービス

　他方、名瀬港には近年大型クルーズ船も寄港し始め、国際観光地化が進んでいます。奄美市紬観光課によれば、2019年4月から2020年3月までに大型クルーズ船が計25回寄港。驚くべきは、7万7千トン級のサンプリンセス（定員2,200人）が夏期に8回も寄港すること。早朝入港し、市内散策か貸切バスによる島内観光をして夕方出港。市内各所にピクトグラム表示と英語・北京語（繁体字・簡体字）・広東語・韓国語の多言語表示がなされます。2018年度にはガイドマップ「のんびり奄美」の多言語化とまち歩きガイドの育成が図られました。

　国際観光との関連では、多言語通訳サービスも重要です。観光案内所・観光施設・交通施設やホテル・飲食店・商店が事前に登録しておくと、外国人観光客とのコミュニケーションに困ったときに、鹿児島県多言語コールセンターに電話をして通訳サービスを受けることができます。対応言語は15言語 —— 英語、中国語、韓国語の他に、タイ語、ベトナム語、インドネシア語、ポルトガル語、スペイン語、フランス語、ロシア語、ドイツ語、イタリア語、ネパール語、タガログ語、マレー語です。24時間対応で年中無休、客は通話料無料。通話料は登録済みの利用者が負担します。外国人観光客が目の前にいるときには、2地点三者間通訳が受話器のやりとりかスピーカーフォンで行われます。他方、外国人観光客に連絡を取りたいときには、3地点三者間通訳が行われます。奄美は今や国際観光地 —— 多言語の島です。

第 2 部

観光を深化させる言語政策

- ▶ 旅行先で、言語に関して優れた取り組み（政策）だと感じるような経験はありましたか。
- ▶ 皆さんが住んでいる地域では、外国人旅行者を招聘したり接遇したりするためにどのようなことが行われていますか。その中にはボランティア通訳やユニバーサルツーリズムがありますか。

第**6**章

観光政策と言語

山川和彦

今日、都市部に限らず公共交通機関では、複数言語による案内表示やアナウンスが珍しくなくなりました。また観光地では英語やその他の言語で対応する観光案内所もつくられています。これらは国の観光政策の一環として行われています。「政策」といっても国や自治体が行うものとは限りません。地域で見れば、外国人対応のための語学講座を開設している自治体もありますし、外国語の情報サイトを整備する観光協会等の団体も数多くあります。また、資格試験の中に言語能力を加えていることもあり、これも言語に関連した観光政策といえます。さまざまな観光関連領域で、主として外国語対応が政策化されているといえます。この章ではこのような言語に関連する観光施策がどのようなものなのか考えていきます。

1.　はじめに

　近年、インバウンドが増加するにつれて、多言語対応が声高に叫ばれ、言語の壁をなくすという政策も出されています。ある意味で黒船的な出来事に、観光を国の基幹産業にしようとする政府がその対応に躍起になっているとも解釈できそうです。

　観光政策に見られる言語の取り扱いについて考察するにあたり、まず「政策」という概念についてふれておきます。政策という表現は国や政党の政策という理解が一般的ですが、たとえば営業政策のような表現もあり、企業や個人の行動をも含む概念です。そこでこの章では、はじめに国を取り上げ、観光政策で言語に関連する法的な規定や施策を取り上げていきます。その次に地方自治体、観光関連産業の事例を取り上げ、最後に教育や資格試験の事例を考察していきます。

2.　国の観光施策

　日本では、1963 年、国際観光の発展、国民の健全な観光旅行の普及等を目的に観光基本法が施行されました。その後、観光立国を重要な政策と定め、これを全面改定し、2007 年に観光立国推進基本法が施行されています。

　訪日外国人旅行に関しては、戦後からの流れを見ていくことが肝要です。ここでは戦後まもなく制定された国際観光ホテル整備法[1]を取り上げます。

　この法律は 1949 年に当時の訪日外国人の旅行に対応すべく制定されました。この年には通訳案内業法も制定され、戦後日本の「国際観光」（外国人の日本国内旅行）の制度的構築がなされていきます。戦後の復興期には、国際観光が外貨獲得、国際親善の役割を担っていました。そのため外国人旅行者の受け入れ環境の整備が急務でした。外国人旅行者と外国語で接する通訳案内に対して、ベッドやシャワーを部屋に備えるなどハード面の整備を目的としたのが国際観光ホテル整備法です。外国人が宿泊するに値するホテルを登録制にして、客室などの施設とサービスを整えていきます。戦後制定された 2 つの法律を見る限り、外国人接遇は「専門家」に委ねる形になっていたといえます。それが時代とともに変化していくことになります。

2.1　90 年代の国際観光事情の変化

　今取り上げた国際観光ホテル整備法は、1993（平成 5）年に大幅に改正されています。逆にいえば、1949 年（昭和 24）年に法律が制定されてから、長い間国際観光ホテルにおける接遇などのソフト面が認識されずにきたといえます。この改正では「外客接遇主任者」という概念が取り入れられました。法律の文面を引用します。

　　　　登録ホテル業を営む者は、登録ホテルごとに、ホテルにおける外客の接遇について国土交通省令で定める一定の実務の経験その他の要件を備える者のうちから、外客接遇主任者を選任し、外客に接する従業員の指導、外客からの苦情の処理その他国土交通省令で定める外客の接遇に関する業務の管理に関する事務を行わせなければならない（法第 10 条）。

　この外客接遇主任者の要件は、「登録ホテルにおいて三年以上接客業務に従事した経験を有すること又はこれと同等以上の能力を有すると認められること」同時に「登録ホテルにおいて外客接遇上必要な外国語会話の能力を有していると認められること」と規定されています。そしてこの外国語能力は、以下のように定められています[2]。

　　英検 3 級以上、TOEIC 220 スコア以上、TOEFL 373 スコア以上
　　外国語学部、学科卒（短大・専門学校・大学）
　　「外客接遇研修会」（平成 4 年〜11 年度実施）受講者　等

　また、外客接遇主任者以外にも、言語に関する規定があります。ここでは一部を示します。「複数の外国語による案内標識の整備」（法 13 条 4）、国際観光ホテルに登録するための要件のひとつとしての「外国語により記載された案内書その他の書類を正確に理解するに足りる語学に関する能力」（法 20 条一ロ）、非常時の安全確保を目的とした「日本語及び外国語により記載した案内書」の客室備え付けがあります（施行規則 4 条 3 八）。教育に関しては、国際観光ホテルを営む者が外客に接する従業員の研修計画を作成し、その研修が「外客接遇上必要な外国語会話及び接客技術を習得させることを内

容とするものでなければならない」（施行規則 13 条 2）とされています。

　この国際観光ホテル整備法の改正は 1992（平成 4）年に制定され、翌 1993
（平成 5）年の 4 月から施行されています。90 年代初頭から徐々に外国人旅
行者の接遇対応の必要に迫られていることがわかります。ただ、外客接遇主
任者の語学能力規定で英語能力試験だけが基準としてあがっていることや、
「外客からの苦情の処理」などを行うのに足りる能力が、先に示した基準値
でいいのかという課題は残っています。

2.2　外客誘致法と公共交通機関の多言語ガイドライン

　2003 年 1 月、小泉首相の所信表明演説を契機として観光立国政策が始
まったと考えられていますが、前節でも述べたように訪日外国人旅行者を迎
え入れるための政策は、それ以前から少しずつ実施されています。1995（平
成 7）年、観光政策審議会が「今後の観光政策の基本的な方向について（答
申第 39 号）」を発表しました。

　この答申後の 1996（平成 8）年にウェルカムプラン 21（訪日観光交流倍増
計画）が打ち出され、その翌年に「外国人観光旅客の来訪地域の多様化の促
進による国際観光の促進に関する法律（外客誘致法）」（平成 9 年法律第 91
号）が制定されました。ウェルカムプラン 21 は、外国人旅行者が直接日本
を訪問することで日本文化・社会の理解を促し、日本の国際経済活動の円
滑化を図ることが前提とされていました。その上で 2005 年を目安に訪日外
国人数を 700 万人に倍増し、地方圏への訪客を促進すると書かれています。
さらにこの中では、英語対応能力が不十分であることや、「アジアの言語」
への対応能力が不足している観光案内所（後述）の存在が問題点としてあげ
られ、アジア言語の対応マニュアルの作成の必要性、通訳案内サービスにお
けるアジア言語対応、善意通訳者組織《➡第 7 章参照》の安定化の必要性があ
げられました[3]。

　さて、今日、駅などで見かける多言語表示の根拠になるのが外客誘致法で
す。正式な名称は「外国人観光旅客の来訪地域の多様化の促進による国際観
光の促進に関する法律」です[4]。当初は国内交通費の低廉化、接遇向上、来
訪地域の多様化がうたわれていましたが、その後 2005（平成 17）年に改定
され[5]、言語に関連する事項が明記されます。ここではその文面を引用して

おきます。

　　第十九条　公共交通事業者等は、国土交通大臣が定める基準に従い、そ
　　の事業の用に供する旅客施設及び車両等について、外国人観光旅客が公
　　共交通機関を円滑に利用するために必要と認められる外国語等による情
　　報の提供を促進するための措置（以下「情報提供促進措置」という。）を
　　講ずるよう努めなければならない。

　この規定に基づいて「公共交通機関における外国語等による情報提供促
進措置ガイドライン ── 外国人がひとり歩きできる公共交通の実現に向け
て」が2006年に作成されます。このガイドラインでは、ユニバーサルデザ
イン、地域特性、景観性という概念が用いられています。ユニバーサルデザ
インとして「母国語としての日本語」、「国際言語である英語」、「文字に頼ら
ずに情報伝達が可能なピクトグラム」があげられ、この3点が必要不可欠
な対処であり、次に地域特性・ホスピタリティの観点から「韓国語や中国語
等、英語以外の外国語」での情報提供が望ましいとあります。つまり副次的
な対応です。この2点は言語的な階層性を持っているといえるわけですが、
3つ目の基準は性質を異にします。つまり案内標識の「表示面が繁雑になら
ない」という景観性です。このほかパンフレットやホームページなど言語ご
とに作成できるものは、できる限り多くの言語で作成することが望ましいと
されています。
　また、英語表記に関する基準として、「荒川 Arakawa River」のように「固
有名詞はローマ字で、普通名詞は英語」とすることや、「複数言語を併記す
る場合、外国語の文字高は日本語の4分の3にする」こと、「乗車船券の券
面においても外国語等で情報提供を行う」こと、「異常時における情報提供
を旅客施設及び車両等で、外国語等で行う」ことにも言及されています。
　このガイドライン以後、「観光立国実現に向けた多言語対応の改善・強
化のためのガイドライン」（2014年）が発表され、その後は外客誘致法の改
正に伴い「外国人観光旅客利便増進措置に関する基準及びガイドライン」
（2018年）が示されています。いずれにしても法律とそれに依拠するガイド
ラインにより、公共交通における言語運用に効力を発することになります。

3.　観光立国実現に向けた国の施策

3.1　アクション・プログラムと言語サービス

　2013 年になると、第 1 回「観光立国推進閣僚会議」が開催されます。小泉首相の観光立国宣言から 10 年、ビジット・ジャパン・キャンペーンの成果もあり、訪日外国人が 1,000 万人を超えた年です。そして観光立国実現に向けた施策をとりまとめた「観光立国実現に向けたアクション・プログラム」が発表されます。この内容は、2016 年 3 月 30 日に開催された「明日の日本を支える観光ビジョン構想会議」により作成された「観光ビジョン実現プログラム」に引き継がれていきます。

　一連のプログラムにおいて言語が関連してくるのは、主として外国人旅行者の受け入れ改善という事項です。表 1 は、今、紹介した 2013 年から 2018 年までのプログラムの中から言語に関連する部分を抜粋・整理したものです。ここではその年に新規施策として掲載されたものを取り上げていますので、実際のプログラムの中では継続や改善強化のような形で継承されているものが多くあります。

　前節で示したガイドラインは公共交通機関を対象とした多言語対応でした。2013 年以後のプログラムでは、公共交通機関に加えて滞在しやすい環境の整備として、宿泊施設や美術館などの文化施設での多言語対応が加わります。このような政策の中で、多言語化は多言語変換ツールとの組み合わせ、スマートフォン・タブレット端末等の活用、宿泊施設での外国語放送といった内容が取り上げられてきます。2013 年 9 月に東京オリンピック・パラリンピックが決定すると、2014 年の「観光立国実現に向けたアクション・プログラム 2014」では、さらに外国人の受入環境整備の内容が充実してきます。コンビニ、道の駅等における観光情報提供や多言語対応促進、観光案内所の増加が打ち出されると同時に、外国人旅行者ができるだけ「言葉の壁」を感じることなく訪日旅行を楽しむような多言語対応が求められ、総務省「グローバルコミュニケーション計画」に基づく通訳・翻訳アプリの研究開発などが新規施策として取り入れられます。

表 1　観光立国実現に向けたアクション・プログラム (2013 〜 2015 年) ／
観光ビジョン実現プログラム (2016 年〜) に見られる言語関連施策

	言語に関連する代表的な施策 (当該年の新規施策)
2013 年	・タクシー運転手とのコミュニケーションツール ・レンタカーの多言語カーナビアプリ ・美術館・博物館等での外国人目線の共通ガイドライン策定 ・道路案内表示の英語表記の統一 ・アウトレットモール等商業施設での多言語対応
2014 年	・無料公衆無線 LAN 環境の整備 ・外国人旅行者が利用する主要施設の多言語対応の改善・強化 ・郵便局、コンビニ、道の駅等における情報提供、多言語対応 ・外国人観光案内所のネットワーク拡大・機能強化 ・外国人富裕層長期滞在の促進 ・総務省のグローバルコミュニケーション計画に基づく言語通訳／翻訳アプリの活用促進 ・鉄道障害時における情報提供 ・外国人患者受け入れ体制の拡充
2015 年	・日本文化を深く理解し情報発信できる外国人の活用 ・日本在留中の外国人材の観光産業への活用 ・外国人スキーインストラクターの在留資格要件検討 ・自治体が独自に育成する「地域ガイド制度」の導入 ・飲食店における多言語メニュー取入れのためのセミナー
2016 年	・赤坂迎賓館等の公開と多言語音声端末の導入 ・外国人旅行者と警察職員のコミュニケーション支援 ・救急活動時の多言語音声翻訳システムの活用 ・中小企業のウェブサイトの多言語化支援
2017 年	・歌舞伎、能の外国人体験プログラム、多言語ガイド実施
2018 年	・文化財の多言語解説のためのネイティブ専門人材の活用 ・国宝／重要文化財のデジタルアーカイブの多言語化 ・外国語対応可能なアウトドアガイドの育成

＊各年のアクション・プログラムに記載された施策のうち「新規」として掲載されたプログラム
の中で、代表的な事項を整理。

　プログラム内容は年々拡充されていきますが、言語に関していえば多言語
化領域の拡大、施設によってはフランス語やスペイン語の取り入れ、音声ガ
イドアプリの活用があげられています。これらは言語サービスとしてくくれ

るもので、デジタルサイネージや自動翻訳装置の活用がこの延長線上に出て
きます。その一方で、観光コンテンツとしての質向上を図るため、ネイティ
ブの専門人材を活用した多言語解説の整備も施策に取り入れられました。日
本人の語学力向上ではなく、ネイティブの活用という点が、これからの日本
における観光を含めた社会構造に関係してくるといえるでしょう。

3.2 観光案内所

　外国人旅行者への情報提供拠点である観光案内所の整備も、アクション・
プログラムの中で取り上げられてきます。観光庁は、その機能とカテゴリー
を定め、その認定は日本政府観光局（JNTO）が 2012 年より行っています。

表2　観光案内所のカテゴリー

分類	機能	言語対応
カテゴリー3	全国レベルの観光案内。ゲートウェイや外国人来訪者の多い場所に開設	フルタイムで少なくとも英語で対応可能なスタッフが常駐している。その上で、英語を除く2以上の言語での案内が常時可能な体制を構築している。
カテゴリー2	広域案内	フルタイムで少なくとも英語で対応可能なスタッフが常駐している。電話通訳サービスや多言語翻訳システムの利用、ボランティアスタッフの協力を得て、英語以外の言語にも対応できる体制があることが望ましい。
カテゴリー1	地域案内	パートタイムで英語対応が可能なスタッフがいる。又は電話通訳サービスや多言語翻訳システムの利用、ボランティアスタッフの協力等により英語対応できる体制がある。
パートナー施設	観光案内を専業としない施設やボランティア団体等により運営される観光案内所のうち、必要な基準を満たす観光案内所	同上

＊観光庁「外国人観光案内所の設置・運営のあり方　指針」（平成 30 年）より抜粋・整理。

　表2は観光庁が示した観光案内所のカテゴリーと言語の関係を示したものです。英語の案内を基本としつつも、カテゴリー3では英語以外の2つの外国語で情報提供できることが規定されています。

　今日の旅行者は、日本人だけでなく外国人においてもスマートフォンなどを活用しているため、観光案内所の機能に関しても「リアルに存在する認定案内所と拡充していくバーチャルな情報提供機能が互いに補完し合う関係を意識しつつ、旅ナカの観光案内機能を総合的に充実させていく必要がある」といえます[6]。

3.3　言語バリアフリー

　ここまで述べてきたのは運輸省・国土交通省管轄の事案ですが、2018年4月に総務省「言語バリアフリー関係府省連絡会議」が開催され、国立研究開発法人情報通信研究機構（NICT）の多言語音声翻訳技術への取り組み状況が報告されています。それによると、外国人旅行者の多くが言語上の問題を抱えていること、そして在留外国人の増加に伴う生活面での日本語のやりとりの課題があることが、翻訳技術を開発すべき根拠とされています。

　NICTは日本語音声を外国語に翻訳して音声出力するアプリ（VoiceTra）を2010年以後公開してきましたが、その翻訳エンジンは今日市販されている翻訳装置にも活用されています。2014年に総務省が発表した「グローバルコミュニケーション計画」では、2020年のオリンピック・パラリンピックをひとつの契機にして、「「言葉の壁」のないインクルーシブな社会の実現」、「あらゆるひとに、質の高い「おもてなし」サービスの提供が可能となり、観光業をはじめとするサービス業を中心とした産業競争力の強化や社会の課題解決」があげられています[7]。

　このような翻訳装置の研究開発が進み、結果として外国人と接する人や職場で翻訳装置が用いられることにより、情報伝達は円滑になると期待される一方で、筆者が翻訳装置を使用して英語によるコミュニケーションを実験的に行ったときの印象では、相手の「顔」を見ることが少なくなり、結果として会話が弾むことには結びつきませんでした。ただ、双方が共通に理解する言語がない場合には、多言語間の翻訳を可能とする装置は有益であろうと考えています。また、音声翻訳に限らず翻訳アプリを活用するときには、装置

が翻訳しやすい日本語表現を用いる工夫も必要だと考えます。誤訳を回避するためです。ただ、普段の言い方とは異なる表現を機器に向かって話しかけるなどの行為では、ストレスも生じかねません。

4. 自治体における観光政策と言語

　前節では国の観光政策と言語の関係を述べました。ここでは自治体レベルでの事例を、沖縄県石垣市から取り上げていきたいと思います。

4.1 石垣市での観光人材養成と語学講座

　石垣市は 2013 年 3 月に新石垣空港が開港し、東京や大阪などからの直行便の就航に加え、機材の大型化が実現され、入域旅行者数は増加の一途をたどっています。日本人旅行者に加え、台湾などからのクルーズ船の寄港地になっており、2019 年には年間 36 万人が上陸しています。そして空路でも、それまでの台北からの不定期便に加え、2016 年に香港からの定期便が就航することで、外国人旅行者の増加も指摘できます。

　石垣市は、このような観光客の増加を予想し、観光資源の活用と保全のバランスを意識しつつ「石垣市観光基本計画」[8]を策定しました。そこでは「観光地運営の課題」として「外国人観光旅行客の誘客と受け入れ体制の促進」、「観光人材の育成と地位向上」が示されています。そして「観光通訳ボランティア登録制度」として、市民通訳ボランティアの登録制度を確立すること、地域の子供たちが観光産業を学び、将来の観光業に従事することを想定した「観光人材養成」、外国人を含めたバリアフリー観光を実現する「観光ユニバーサルデザインの取り組み」などが明示されています。

　この施策のひとつが語学教室です。2012〜13 年の 2 年間は沖縄県の事業として、2014 年以後は石垣市の外国人観光客向け観光人材バンク事業として開催されています。受講対象は外国人観光客と接する機会のある業務に従事する者で、英語、中国語、韓国語の授業が開講されています。

　2014 年度は、初級・中級の 2 クラスで、初級では「基本的な挨拶ができ、外国人観光客からよく聞かれる質問の回答ができるように諸外国の歴史、文化と習慣などにも興味を持って頂く」。また、中級クラスでは「外国人観光

客に対して簡単な観光説明または地域の文化や歴史を紹介できることを目指し、沖縄特例通訳案内士はじめ通訳案内士の資格取得を促す」とあり、実践的な言語習得に加えて地域経済活性化にも結びつける目的があります。2018 年の受講生募集案内によると、英語、広東語・香港、中国語が開講され、英語に関しては「観光英会話」（島内観光案内時の会話、2 時間 5 回）、「窓口対応」（空港・港で対応時の会話）、飲食施設（入店・オーダー時の会話）、お土産販売施設（販売接遇時の会話）、宿泊施設（チェックイン時の会話）、交通機関（レンタカー貸出・返却、タクシー乗車時の会話）のように受講者の目的別にクラスが編成されています。観光業関連業においては、顧客との接触が比較的限られていることから、外国語能力の総合的な習得を促すよりは、目的に合わせた ESP (English for Specific Purposes) が現実的であるともいえます。

　また、石垣市では 2019 年 4 月から、石垣市手話言語条例が施行されています。その第 11 条には「市、市民及び事業者は、手話を必要とする旅行者その他の滞在者に対し、手話への理解ある対応を行い、利用しやすいサービスを提供するよう努めるものとする」とあり、旅行者に対する配慮もなされています[9]。次節で取り上げる八重山商工高校では、ユニバーサルツーリズム教育の一環で、観光で活用できる手話の実習を取り入れています。

4.2 高校の中国語教育

　石垣市内にある沖縄県立八重山商工高校と沖縄県立八重山農林高校の一部の専攻科において、英語以外に中国語が必修化されています。それは先に示したようにクルーズ船の入港により台湾からの旅行者が多いこと、台湾との地理的距離が近く経済的なつながりがあること、そして台湾出身者が石垣にいることなどの背景があります。ここでは、八重山商工高校商業科観光コースを取り上げます。観光コースが設置されたのは 2005 年、その前身は人文科（1991 年設置）で国際化時代にふさわしい人材育成を目標としていました。地元での観光人材育成の必要性から設置された観光コースの基本方針の中には、「国際的な感覚を養い、外国語の習得とコミュニケーション能力の育成に努める」こと、「ホスピタリティ精神の育成」や「環境保護と開発」を意識した観光産業を考えること、「地域に根ざした行事や取組」の拡充などが

うたわれています。

　中国語は 1995 年、週 2 時間の選択科目として開講され、その後 1997 年から必修化されました。現在は 1 年生から 3 年生まで週 3 時間、合計 9 時間の「観光中国語」が必修で、中国語教育に力点が置かれていることがわかります。そしてこの観光コースでは、観光施設やホテルでの実習、台湾への修学旅行、市内にあるカフェのスタッフへ中国語講座や手話講座を実施するなど、言語に対してもユニバーサルツーリズムの視点で実践的な教育が行われています。

5.　地域語の普及活動

　これまで取り上げてきたことは観光施策における外国語の事象でした。ここで紹介するのは地域語、方言です[10]。旅行者にとって標準語ではなく、地域の言葉に触れることは、旅行先で旅情を豊かにしたり、郷愁を呼び起こしたり、あるいはまたリピートを促すなどの効果があると思われます。そこで旅行者への接遇に地域語・方言を使用する政策が見られます。

　はじめに沖縄の航空会社である日本トランスオーシャン航空（JTA）の事例を紹介します[11]。JTA は沖縄生まれの航空会社として沖縄らしさをサービスの一環として提供しています。そのひとつが「しまくとぅばアナウンス」です。しまくとぅばとは、沖縄各地の言葉です。しまくとぅばアナウンスは、2012 年に客室部門の研修の中で採用され、その後機内アナウンスが始まったとのことです。また 2016 年からはしまくとぅばを印刷したシール「しまくとぅばシール」を配布しています（写真 1）。客室乗務員に対するしまくとぅばの研修はなく、機内では到着地のしまくとぅばをアナウンスするのが一般的なようですが、出発地のしまくとぅばを使うこともあるそうで、それは客室責任者の判断によるとのことです。また、JTA は 2018 年に沖縄県と包括的連携協定を締結し、その具体的内容のひとつに「島くとぅばの普及活動」がうたわれています。この事例は、企業の地域特性をサービスに転換し、会社としての言語政策が乗務員を通して利用者に伝達されていくものといえます。

写真1　JTAのしまくとぅばシール

　しまくとぅばに関しては、那覇市にあるドン・キホーテ国際通り店におい
ても取り組みが見られます。沖縄らしさを表現するための施策として、従業
員からの発案で、従業員向けの店内放送でしまくとぅばと標準語を取り入れ
ていて、これが観光客にも受け入れられているとのことです。また、レジで
の数字の確認などでしまくとぅばを利用する等のアイディアもあると、地元
紙[12]は報じています。ここにも観光を意識した従業員による店内の言語使
用に関する政策があるといえます。

　次に北海道の事例です。2005～2008年にかけて存在した北海道経済部観
光のくにづくり推進局では、キャッチコピー「おみやげに、笑顔を渡そう」
という観光ホスピタリティ運動を行っていました。その事例紹介の印刷物の
中で、「観光客に接する心構え」として「方言で話す、観光客と話すときは
『北海道弁』を使ってみよう」とあります。そこにあげられている例は「と
うきび、なまらうまいっしょ」「なんもなんも」です。「方言を聞くことは、
観光客にとって思い出深いものとなるはずです。方言が持つ北海道のアイデ
ンティティに誇りを持って、観光客の印象に残る言葉をかけてみてくださ
い」とあります。

6.　観光関連の資格試験と言語

　最後の事例として、観光に関連する資格試験と言語の関係を考察したいと思います。観光業務の中には、暗黙のうちに英語などの言語能力を要求するものがあります。ここでは資格試験を通して見てみましょう。国土交通省観光庁が管轄する国家試験には、通訳案内士と旅行業務取扱管理者試験があります[13]。通訳案内士に関しては第7章で取り上げますので、ここでは、総合旅行業務取扱管理者試験について述べます。

　旅行業法では、旅行業を営むに当たって旅行業務取扱管理者を選任しなければならないと規定されています。その資格試験が、総合旅行業務取扱管理者試験、国内旅行業務取扱管理者試験、地域限定旅行業務取扱管理者試験（2018年から）の3種類で、資格により扱うことのできる業務が限定されています。この中で海外旅行業務に関して取り扱える資格、総合旅行業務取扱管理者試験では英語が課せられています。内容的には外国の観光地の案内書などの内容を理解するための読解力を求めるものです。しかしここで注目すべきは、海外旅行業務を行う場合に共通して英語力が求められるということ、そして非英語圏の旅行を扱う場合も英語力が必要となっている点です。また、インバウンドの増加により、地域での体験ツアーなどを販売する着地型観光のための資格である地域限定旅行業務取扱管理者試験においては、語学もインバウンドに関する知識も問われていません。旅行業法や約款、運賃計算などの旅行実務に関する知識が求められています。

　この国家試験とは別に、業界が行っている資格認定試験がいくつかあります。英語応対能力検定は「おもてなしの心で応対するための基本的な英語力を身につける検定」で、販売、宿泊、飲食、鉄道、タクシーの5業種別試験と一般試験の合計6種類の試験が用意されています。また、観光分野に関する英語力を問う試験に観光英語検定があります。こちらは三段階の検定試験で英語力もさることながら、一定の業務経験が求められるような出題になっています。

　旅館やホテルなどでの接遇力向上などを目的とした資格として、日本の宿おもてなし検定があります。ここでは敬語の使い方など「言葉づかい」に関する試験内容が含まれています。

　さらに増加する訪日外国人対応に関して、インバウンド実務主任者認定試験があります。この試験では訪日外国人理解や外国語対応なども試験課題に含まれ、さらに、インバウンドテーマ別選択課題として英語、中国語（簡体字）、韓国語も用意されています。また英語をはじめとして 10 言語のうちいずれかの語学能力試験に一定の成績で合格している場合は、加点申請ができる形になっています。

　宿泊関係において外国人技能実習生を採用する場合は、宿泊分野の技能試験に加えて、日本語能力試験 N4 が必要とされています。一人でも多くの人材を必要とする現場がある一方で、日本語能力試験 N4 では実際の業務を行うことが困難であり、業務と合わせてさらなる日本語教育の必要性を求める声も聞かれます。

7.　おわりに

　この章では観光政策と言語に関して考察してきました。はじめに述べたように、政策という概念は国の政策だけではなく、地方や企業の政策も含まれます。義務として多言語化を規定するものから、授業や資格試験の科目にすることで結果的に言語活動に関係してくる政策もあります。また、公共交通機関の多言語化は観光への必要性からスタートしていますが、それは定住する外国人住民にとっても利便性を高めています。

　現在に至るまで観光と言語の領域は主として日本人と外国人という構図で想定され、場面に必要な外国語対応がなされてきました。しかし、人の移動が活発になり、観光のスタイルの変化、定住していく外国人の増加など観光をとりまく社会環境の変化に合わせ、対応も変化してきています。自動音声翻訳の活用もそのひとつですし、日本人に対する外国語教育を強化するという発想ではなく、日本語能力を有する外国人材を活用するという政策も見受けられます。また、外国人旅行者にとっても英語が外国語である場合があります。グローバル化する社会の中で、言語の多様性も認識させる政策が必要であることを再認識するべきだと思います。

［注］

1) 国際観光ホテル整備法（昭和二十四年十二月二十四日法律第二百七十九号、最終改訂平成二〇年五月二日法律第二六号）及び同施行規則（平成五年三月十五日運輸省令第三号、最終改正平成二〇年一二月一日国土交通省令第九七号）。観光庁「登録ホテル・旅館」<http://www.mlit.go.jp/kankocho/shisaku/sangyou/hotel.html>（2020年3月19日閲覧）

2) 施行規則第七条に記載があります。観光庁「人的側面や経営状況に関する基準」<http://www.mlit.go.jp/common/000117764.pdf>（2020年3月19日閲覧）

3) 総理府（1997）「平成9年版　観光白書」大蔵省印刷局, pp. 55-65.

4) 現在施行されている法律は、2018（平成30）年4月1日に改正され、名称が「外国人観光旅客の来訪の促進等による国際観光の振興に関する法律」となり、目的をはじめ文面が更新されています。

5) 「通訳案内業法及び外国人観光旅客の来訪地域の多様化の促進による国際観光の振興に関する法律の一部を改正する法律」（平成一七年法律第五十四号）により改正されています。

6) 観光庁（2019）「JNTO認定外国人観光案内所のブランド力向上に向けた検討会報告書 ── バーチャル時代における観光案内所の役割とは」<https://www.mlit.go.jp/common/001282374.pdf>（2020年3月19日閲覧）

7) 総務省「参考資料1-1　言語バリアフリー関係省連絡会議の開催について」<http://www.soumu.go.jp/main_content/000553526.pdf>（2020年3月19日閲覧）

8) 2010年に公表され、その後2016年に改訂されていますが、ここで引用したのは2010年のものです。

9) 八重山毎日新聞（2019）「観光業で活用の手話学ぶ」2019年10月30日 <http://www.y-mainichi.co.jp/news/35855/>（2020年3月19日閲覧）

10) 方言の観光資源化に関しては、井上史雄ほか（2013）『魅せる方言 ── 地域語の底力』（三省堂）に詳しく事例が紹介されています。

11) 日本トランスオーシャン航空へのメールによる聞き取りによります。

12) 沖縄タイムス（2017）「［うちなぁタイムス］しまくとぅばで店内放送」2017年2月19日

13) 観光庁（2018）「国家試験のご案内」<http://www.mlit.go.jp/kankocho/shiken.html>（2020年3月19日閲覧）

参考文献

石垣市（2016）「石垣市観光基本計画［改訂版］」石垣市 <https://www.city.ishigaki.okinawa.jp/soshiki/kanko_bunka/1_1/3499.html>（2020年4月15日閲覧）

山川和彦（2019）「日本のインバウンド観光施策における言語政策の展開と展望 ── 多言語化の進展を意識化する」『社会言語科学』22(1), 17-27.

第**7**章

外国語ガイドをとりまく 現状と課題

田中直子・藤田玲子・森越京子

　訪日外国人旅行者が急増する近年、外国語で観光ガイドサービスを提供する通訳案内士の仕事に注目が集まっています。日本における通訳案内士の資格制度は 1949 年に始まりました。以来約 70 年間にわたり、通訳案内士は日本の魅力を世界に伝える役割を担ってきました。通訳案内士が時に「民間の外交官」と呼ばれる理由は、彼らが国際交流や海外における日本文化の理解促進に貢献してきたことの表れとも言えます。本章では、通訳案内士の仕事や、制度が抱える課題などについて取り上げます。さらに、外国語ボランティアガイドの現状や、ガイド育成のための教育の取り組み例も紹介し、日本社会の中でますます必要不可欠になった外国語ガイドについて考えていきます。

1.　はじめに

　通訳案内士[1]の資格は現在 2 種類あります。国家資格である全国通訳案内士の資格を取得するには、年 1 回の「全国通訳案内士試験」[2]の合格が必要です。一方、限定された地域の資格である地域通訳案内士になるには、その地域ごとの要件があり、一定の研修を受けてから試験を受ける地域や、試験のみのところもあります。現在約 35 の地域で同制度が導入されています[3]。

　資格を持つ通訳案内士を含む、外国語ガイドをとりまく環境は、2018 年の通訳案内士法の改正により大きく変化しつつあります。年間訪日外国人旅行者数が 3,000 万人を超え、さらに増加を続ける日本において、さまざまな外国語での質の高いガイドサービスを提供することは重要な課題です。今後は、有資格ガイドの研修のあり方の検討とともに、ボランティアガイドや学生へのガイド教育を幅広く組織的に展開させていくことも必要となるでしょう。本章では、法改正を含む通訳案内士制度と、今後の日本におけるさらなるインバウンド拡大を見据え、外国語ガイドの教育、育成に何が求められるかを考察します。

2.　通訳案内士制度の現状と課題

2.1　通訳案内士制度と法改正

　通訳案内士制度の開始から 70 年近くが過ぎ、訪日外国人旅行者の数やニーズの変化にともない、通訳案内士をとりまく環境もまた変化してきました。通訳案内士の絶対数の不足や大都市部への偏在、言語割合の偏り、不安定な就業や研修制度の未整備などの問題が指摘されるようになり、2008 年には「通訳案内士のあり方に関する検討会」が設立されました。その後、同制度改正について継続的な議論がなされた結果（観光庁 2017）、2018 年 1 月より、新たに「改正通訳案内士法」[4]が施行となりました。これにより、通訳案内士の業務独占規制が廃止され、資格を持たない方であっても、有償で通訳案内業務を行えるようになりました[5]。また全国でガイド業務ができる国家資格の通訳案内士資格の名称が「全国通訳案内士」とされる一方、これまで各特例法に基づき導入されていた各地域特例ガイド制度は、新たに「地

域通訳案内士」制度として統一されました。さらに、全国通訳案内士には 5
年ごとに登録研修機関が行う定期的な研修の受講が義務づけられるように
なるなど、表 1 のように大きな変更がありました。つまり、2018 年以降は
国家資格を持つ「全国通訳案内士」、地域ごとの資格を持つ「地域通訳案内
士」、そして無資格の 3 タイプの外国語観光ガイドが存在することになりま
した。これにより、通訳ガイド不足の改善や、空港やホテルへの送迎などの
簡易な業務は資格を持たないガイドが安価で行うなど、ガイドを雇う旅行者
側にとって好ましい変化も期待できるかもしれません。しかし、日本のイン
バウンド全体として通訳ガイドによるサービスの質保証の観点から、今後を
注視していく必要があると言えます。

表 1　法改正による主要な変更点

	法改正前　➡	法改正後
資格の種類	通訳案内士（国家資格）	全国通訳案内士
	地域限定、特区通訳案内士	地域通訳案内士
無資格ガイド	罰則あり	無資格でもガイド業務が可能
研修制度	受講必須研修はなし	全国通訳案内士は 5 年ごとに研修受講が義務化

2.2　言語別通訳案内士の登録者割合

　2019 年時点で、全国通訳案内士の登録者数は 25,239 名[6]、2018 年 4 月の
時点で地域通訳案内士は 2,434 名（産経新聞 2019）となっています。全国
通訳案内士資格には 10 の言語があります。しかし、図 1 が示す通り、言語
別の割合を見ると英語が圧倒的に多く、約 7 割を占めている一方（観光庁
2016）、実際には訪日外国人の 8 割は中国や韓国、台湾などのアジア人であ
り、中国語、韓国語、タイ語ガイドが絶対的に不足している現状がありま
す。（観光庁 2009; 島尻 2013）。

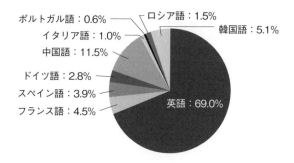

図1　言語別通訳案内士登録者割合 (出典：観光庁 2016)

　なぜ英語ガイドの割合がこれほど多いかは、日本の学校教育における外国語教育が英語中心であることが最たる理由でしょう。一方、英語ガイドの数が多いことは、他の言語と比べて英語ガイドがより見つけやすく、また価格を比較した上での利用がしやすいということにもつながり、英語以外の言語を母語とする旅行者やそうしたツアーを請け負う旅行会社が、旅行者の母語とは異なっていても英語のガイドを手配することがよく見られます。また、学術学会や国際会議など国際的なイベントのオプショナルツアーとして観光ツアーが組まれる場合、共通言語として英語が用いられ、ツアーを担当するガイドも英語ガイドを雇うということも一般的です。このため、英語ガイドのほうが就業の機会がより多くあることも確かです。

2.3　通訳案内士の業務と求められる知識とスキル

　Fujita & Tanaka (2016) は、通訳案内士に求められる知識とスキルを次の6つに分類しています。

　(1) 日本についての知識
　(2) 観光地の情報
　(3) ガイディングを含む旅程管理のスキル
　(4) ホスピタリティ
　(5) 異文化知識とコミュニケーションスキル
　(6) 優れた外国語力

　(1)〜(4) は言語を問わず、観光ガイドに求められる知識とスキルである
と言えます。一方、(5) と (6) は、外国人の旅行者をガイドする際に必要な
要素です。こうした知識とスキルを備えた通訳案内士は、ゲストの旅を安全
かつスムーズ、そして楽しいものにすることを主たる目的として業務にあた
ります。通訳案内士という名前に含まれる「通訳」の文字が表す通り、通
訳案内士はその業務中に実際に通訳を行うことがよくあります。たとえば、
観光先の博物館で学芸員による解説を通訳することや、インセンティブツ
アー[7] などの研修先に含まれるさまざまな施設で通訳を担当することも珍し
くありません。つまり、通訳案内士の仕事には外国語で観光案内ができるこ
とに加え、通訳スキルも必ず必要と言えます。

2.4　訪日客の変化とガイドの役割

　近年の訪日外国人旅行者の旅は、以前と異なる傾向があります。かつて
は団体旅行も多く、いわゆる「ゴールデンルート」と呼ばれる、東京〜
京都〜大阪近隣だけを観光する旅が主流でしたが、近年は、SIT (Special
Interest Tour)[8] と呼ばれる特別な目的を持った旅行の増加や個人旅行者 (Free
Independent/Individual Traveler; FIT) の数が増えており、さらに日本のロー
カルな地域での「体験的な旅行」や「より深い文化理解」に人気が集まる傾
向にあります。また日本に寄港するクルーズ船の数も増加しています。ク
ルーズ船の乗客は、船の寄港地から近隣の地域をめぐるガイド付きツアーに
参加することが多くあります。彼らは世界の他の観光地をめぐっていますか
ら、海外の観光地、その土地の観光ガイドの提供するサービスをよく知って
います。日本のインバウンドにとって、日本のガイドが質の高いガイディン
グを通じて、満足度の高い旅行の体験を提供することで、再来日したいと考
えるリピーターを獲得していく努力が必要と言えます。

　また、訪日外国人が通訳ガイドを雇って旅をする場合、旅行中はガイドを
介して日本文化、日本の今を理解する機会が多くなります。旅の目的にもよ
りますが、現地の日本人とのやり取りなど、通訳ガイドがいるからこそ、そ
のサービスを通じて旅先でのインタラクティブな異文化体験が可能になると
言えるでしょう。そして、もし英語以外の外国語ガイドの利用が今より容易
になり、それらの言語を母語とする旅行者にとって母語のガイドが利用しや

すくなれば、その言語特有の文化背景をよりよく理解したガイドによるサービスを受けることが期待できるのです。つまり、通訳ガイド自体が不足する地方でも、多言語のガイドが簡単に利用できるようになれば、より深い体験的な旅行を期待できるのではないでしょうか。日本ではこれからの東京オリンピックの開催、大阪国際博覧会（万博）など、今後さらにインバウンドが活性化することが考えられます。地方を観光する訪日客数が増えていくことが予想されますから、地方でのガイド不足解消とともに、多言語ガイドの育成も望まれるでしょう。

2.5　今後のガイド制度をとりまく環境

　2018 年の法改正以降、3 つのタイプのガイドが存在することは前述した通りですが、実は以前から無償のボランティアガイドの活動は活発に行われていました。1964 年の東京オリンピック時に始まった善意通訳普及運動は、個人ベースであったものが、現在では各地に SGG（Systematized Goodwill Guides）と呼ばれる組織をつくって積極的な活動を展開しています。これらの団体は現在、全国各地に 92 団体あり、日本政府観光局は、訪日外国人が国内各地を安心して旅行できる環境整備の一環として、このような活動を積極的に後押しし、ウェブサイトでも正式に紹介しています[9]。これらのうち多くが英語以外にも中国語や韓国語を中心に、さまざまな言語のボランティアガイドサービスを提供しています。団体によっては希望者に試験を課し、合格者のみがボランティアとして登録できるシステムとなっています。旅行者からの依頼で観光に同行したり、多言語によるフリーウォーキングツアーを定期的に提供したり、文化体験イベントを実施するなどその活動は多岐にわたります。このような団体が全国で通訳案内士不足を草の根レベルで補完してきたと言えるでしょう。これらのボランティア活動は国際親善という目的のもと無償で行われてきましたが、2018 年の法改正によって、今後はボランティアのガイドと職業としてのガイドの境界線が曖昧になっていく可能性があります。

　法改正によって、まず、資格がなくても合法的に訪日外国人に有償でガイドを行うことが可能になったため、職業やアルバイトとしてガイドを検討する人が増えている現状があります。そして、そのような人々への受け皿とし

て、訪日客と観光ガイドのマッチングサービスをオンライン上で行う業者が増えています。海外のマッチングシステムを日本に導入したサービスや、ガイドの質を保持するためにガイドの研修を必須項目として実施している業者なども見られます。しかし、大手旅行会社が参入するも早々に撤退してしまうなど、全体的には短期間で開設と閉鎖が交錯しており、必ずしもマッチングがスムーズにいっていない現状があります。2019 年現在は、まださまざまなガイドのあり方をめぐり、産業界やガイド自身が試行錯誤を行っている段階とも言えるでしょう。今後、資格はなくとも十分なスキルと知識、ホスピタリティのあふれるガイドが活躍することが望まれます。そのためには、これらのガイドが資格試験に積極的にチャレンジしてゆくような体制をつくっていく必要があるでしょう。

　また、資格を保持している通訳案内士においては、レベルの高いサービスを提供し、ロールモデルとして活躍していくことが期待されます。2018 年の法改正により、全国通訳案内士には 5 年ごとの研修受講が義務づけられるようになりましたが、現段階ではこの研修がどの程度実践的な内容となるのかは不透明です。一方、現在は各地域で有志グループや民間のガイド協会などが提供するスキルアップを目的とした研修の機会が増えつつあります。しかし英語以外の言語の研修機会は極めて少ないため、今後はそれらの言語のガイドの研修機会が増えていくことも望まれます。観光ガイドの仕事ぶりが旅行者にとって、訪問先やその旅全体の印象を左右することも十分あり得ます（ランデル 2016; Weiler & Black 2014）。ですから、今後日本が真の観光立国となっていくためには、通訳案内士の質保証にきちんと取り組むことも重要な課題の一つであるのです（Fujita & Tanaka 2016）。政府は、有資格者の活用促進に向けた環境整備として、有資格者の情報一元化システムの機能強化などを行う他、資格を保持しないガイドの質の確保のために、実態把握調査にも取り組んでいます。これからは、産官の取り組みに加え、学の分野でも、観光教育の一環としてのガイド教育を推進していくことが求められるでしょう。

3.　ガイド育成の取り組み

　このように、ガイドをめぐるさまざまな状況とガイド不足の現状とを鑑みれば、高等教育機関などでもガイド教育を導入し、人材育成がなされることが急務です。通訳案内士の仕事について正確に理解し、職業の一つの選択肢となるように学生の興味関心を高めるだけでなく、ライセンス取得を目指す学生には通訳案内士に必要とされる知識を身につけ、外国語レベルを高めるトレーニングの機会が必要です。また、有資格のガイドだけではなく、資格を取得していなくても適切な案内ができるガイド、そしてさまざまな言語のガイドを増やすことも重要課題と言えるでしょう。高等教育機関においてはガイド育成を目的とした言語教育の例はまだあまり一般的ではありませんが、ここではガイド育成の教育に取り組んでいる2つの事例を報告します。

3.1　北星学園大学短期大学部の例
・目的
　札幌にある北星学園大学短期大学部英文学科では、授業外の活動として英語のガイド教育を行っています[10]。観光は北海道にとって大変重要な産業であり、近年のインバウンド観光の高まりから、外国語で地域を案内できるガイドの必要性が高まっています。前述のように、地方都市での通訳ガイド不足と現職ガイドの高齢化から、この分野での人材育成は重要です。そこで、観光ホスピタリティ分野で活躍する人材を育てることを目的として、「通訳ガイド教育」をスタートさせました。
　学生が通訳ガイドの仕事を知ることと、実際に外国人に地域の観光資源を英語で説明する機会を提供しています。

・内容
　授業外の活動として通訳ガイドトレーニングに興味のある学生を毎年約20名募集し、実践的な現地でのトレーニングの機会を提供しています。ガイドトレーニングには下記の内容が含まれています。

（1）学内での事前学習（現地情報・英語表現・ガイディングスキルと諸注

　　意）
（2）現地を下見し、ガイディングの準備を行う
（3）ツアー I（プロの通訳案内士から英語で案内される経験）
（4）ツアー II（学生 2 名が外国人ボランティア 1 名を英語で案内する）

　事前学習として、約 1 時間の研修セッションを 2〜3 回行います。その中
で、観光地について英語で説明できるように、観光地の情報を集めること、
必要な英語表現を学び、ペアワークなどで練習する活動が行われます。ここ
では、地域の英文パンフレットやガイドブック、観光地の英語ウェブサイト
を活用しています。また、学生は事前に観光地に足を運び、その場所につい
て深く学ぶこと、実際のガイディングの前に現地の状況を確認することが求
められます。
　第 1 回目のツアーには、地元のプロの通訳案内士を 5〜6 名招きます。観
光地ではプロの通訳案内士 1 名と学生 4 名のグループに分かれて現地を散
策します。このツアーでは、学生自身が「英語で案内される経験」を持つこ
とが大きな目的です。また、有資格者のガイディングを体験・観察すること
で、直接プロのガイディングテクニックや英語表現を学びます。また、学生
はこのツアーの間、プロの通訳案内士の方に直接質問をしたり、アドバイス
を受けることもできます。

写真 1　ガイド学習ツアーの様子：
さっぽろテレビ塔展望台でプロガイドからガイディングを習う学生たち

　第2回目はバスツアーの形で実施しています。外国人ボランティアを招き、学生2名で1人の外国人を英語で案内しています。事前学習や第1回目のツアーで学んだことを、このツアーで実践する「英語ガイディングの実践」が大きな目的です。準備してきた現地情報を英語で説明するだけでなく、旅行者役の外国人ボランティアからの質問に答えます。また、時間内に観光地を効率よく安全に案内することや、会話を弾ませ楽しい雰囲気づくりをするなどのガイディングスキルが求められます。大学で専門的に英語を学び始めた1年生や2年生のためのプログラムのため、学生2人で力を合わせて案内することを目指しています。

写真2　バスツアーの様子：
北海道神宮で英語のガイディングを実践

・成果と課題・留意点

　これまでの取り組みから、ツアーを2回に分け、最初にプロの通訳案内士から「英語でガイドされる経験」を持つことが大変有益だと考えています。具体的なモデルガイディングを見ることで、実際に使われている英語の表現は、誰にでも分かりやすいように、丁寧ではあるが平易な英語表現が多いということに学生が驚くようです。また、外国人旅行者からは予想していないさまざまな質問を受けることが多く、学生たちは、日頃から日本の社会や文化について興味関心を持って学ぶ姿勢が必要だと痛感しています。これ

までは、授業外の活動のため準備などにあまり時間が割けなかったことが課題でしたが、今後は新カリキュラムの中で、英語でのガイディングを学ぶ新しい科目「Tour Guiding and Interpreting」として学生に提供することになっています。

3.2　東海大学の例

・目的

　東京にある東海大学観光学部では、英語の授業でガイド育成の取り組みをしています[11]。この授業の目的は、将来観光関連の産業に従事したいと考える学生の多い観光学部において、訪日外国人に日本文化や観光地について基本的な事項を伝達できるような英語力、知識、伝える力を養うことです。さらに自文化を理解することで他の文化にも目を向け、異文化コミュニケーションについての理解を深めることです。ガイドに必要なコミュニケーションスキルを身につけることも意識しつつ、実際のガイド経験を最終目標として設定しています。授業は英語選択科目で、2014 年より実施しています。教育的観点から履修者数を 25 名程度に抑えています。週 2 回、学期を通して 28 回の授業があります。

・内容

　1 回目～14 回目にあたる学期の前半は、日本文化について学び発信することを主な学習項目としています。その内容は (1) 日本文化に関するトピックを英語で言えるようにすること、そして (2) 日本のトピックについてグループプレゼンテーションを行うことです。(1) は、日本文化や事象に関する短い英語のパラグラフを理解し、それを口頭で練習するという宿題が毎回課されます。80～100 ワード程度の文書で、たとえば「新幹線」「天皇」「侍」「お茶」など基本的な内容のものを扱います。学生はクラスの開始時にその内容をクラスメートの前でガイドのように伝える練習をします。実際学生は日本の事象についてあまり知らない場合が多く、この課題は知識を付け、さらに英語表現を学ぶことにも役立ちます。(2) は、4～5 人のグループで日本のトピックについてリサーチし、クラスメートに英語で説明を行うというものです。トピックは「和食」「お祭り」「神道」等、訪日客が興味あ

るテーマを与えます。このプレゼンテーションは10回目〜14回目の授業に設定し、1つのトピックに1回の授業を使い詳細に取り扱います。グループメンバー全員がプレゼンテーションした後は質疑応答を行い、その内容を広げます。さらに教員が補足のレクチャーを行い、理解を深めます。その上で学生はそのトピックの重要部分を口頭で伝える練習をペアで行います。たとえば、「和食」であれば、"What are some of the characteristics of Japanese food?" という質問にお互い答えて発信する練習をします。

　15回目〜28回目にあたる後半は、学期末のガイド実践に向けて準備学習をします。前半は文化や事象が焦点であったのに対し、後半は場所の説明に焦点を置きます。4人グループで2〜3時間のガイドツアーを計画し、訪れる場所について英語で調べ、どのように口頭で説明するか原稿づくりをします。また想定される質問をリストアップし、どのように答えるかも準備します。学期末の日程を決め、その直前には教室内で予行練習をします。並行してツアーに参加する訪日外国人を募ります。学内の留学生、外国人の教員、知り合いの外国人、またSNSの旅行者用のサイトから集客した人々などが参加者となります。またグループによってはその場で案内板を持ち、呼び込みをする場合もあります。ツアー当日は練習通りの説明ができない、予想していないような質問を受けるなど、さまざまなことがありますが、各グループは自分の担当のゲストにとって楽しいツアーになるよう精一杯コミュニケーションを行い、ガイドを務めます。

写真3　ガイドツアーの様子：手水屋の説明

・成果と課題・留意点

　学生のコメントから、ガイドという仕事への興味が強まったことや、言語学習への動機が増したこと、異文化への興味や理解が深まったこと、日本文化を学ぶ必要性を感じたこと、などが成果として毎回示されています。特にSNSのサイトを通じて訪日外国人を募集すると、ヨーロッパ人、南米アメリカ人、アジア人、オセアニア人など、世界各地域の人々の参加があります。学生はとりあえず英語を共通語としてコミュニケーションをはかりますが、多様な英語（ELF; English as a lingua Franca）（Seidlhofer 2005）の存在を体感します。このような体験は、異なる言語や文化の多様性に気付きや興味をもたらすよい機会になっていると考えています。前項ですでに言及したように、ガイドは高い異文化対応のスキルが求められる仕事です。一方でSNSでの募集は連絡なしの不参加が多いなど、安全面の考慮も必要で、教員にとっては心理的に負担が大きいということがあります。教育現場と観光客をつなぐことができるような安全で信頼あるシステムが構築されると利用価値が高いと思います。

写真4　ガイドツアーの様子：さまざまな国の人との交流

3.3　ガイド教育の課題

　以上の2つの事例はまだ試行段階であると言えますが、訪日外国人と一

般の日本人との接点があまりない現状の中で、学生が積極的に訪日外国人に関わり、日本について説明したり、コミュニケーションを通じて相手の国についても学んだりする機会は、観光立国を今後支えていく世代の経験としては非常に意義のあることではないでしょうか。授業という枠組みの中で行うことはさまざまな制約がありますが、このようなプログラムを英語のみでなく他の言語でも展開することで、いずれプロのガイドを目指すような学生が出てくることが望まれるところです。このような授業を積極的に高等教育機関で実施し、身近なボランティアガイドへの参加を促し、いずれ質の高いガイドサービスを提供できる人材の育成にあたることは必要不可欠であると言っても過言ではありません。

4. 今後の課題 ── ガイドと危機管理

　今後、日本の観光立国化をさらに推進、成熟させていくためには、これまで述べられていない分野においても取り組むべき課題がいくつもあります。その一つが、災害などの緊急時における外国人旅行者への対応です。

　2018年9月の北海道胆振東部地震では、インバウンドに関連するさまざまな問題が浮き彫りになりました。地震発生とともに生じた北海道全域でのブラックアウトと呼ばれる大規模停電により、空港やホテル、公共交通、コンビニなど旅行客が利用するさまざまな施設やサービスが閉鎖されました。また、情報収集のツールであるスマートフォンやタブレット機器の充電ができなくなり、日本語の分からない訪日外国人が「情報弱者」となったことが、大きな問題として多くのメディアで取り上げられました。

　このような災害を含む緊急時に対して、外国語ガイドはどのような事前の備えと現場での対応が必要となるのでしょうか。一般的に、外国人旅行者は国内旅行者と比較した場合、旅程の変更がより難しいと言われます。たとえば台風などの悪天候や多少の体調不良が見られる場合でも「せっかくの機会だから」「今さら予約の変更は難しいから」と旅行へ来てしまうケースがあるのです。2018年度の全国通訳案内士試験からは、「通訳案内士の実務」に関する筆記試験科目が追加されました。これにより、全国通訳案内士には「旅程管理に関する基本的な知識」や「危機管理・災害発生時等における適

切な対応」の知識を備えていることが求められるようになりました。外国語
ガイドが危機管理についての知識を身につけておくことはとても大切です。
また、行政や観光産業による緊急時に利用できるサービスについても常にア
ンテナを張り、情報のアップデートを心がけるべきです。たとえば、観光庁
のウェブサイトからは、訪日外国人が災害等の緊急時に気象情報や交通情報
を簡単に入手できる Safety tips for travelers というアプリケーションの利用
ができます[12]。ガイドは日頃からこうしたサービスの利用に慣れておくこ
とも大切です。

　また、まれではありますが、ガイドが急病発生時の初期対応をすることも
あります。医療関係者や、医療通訳者につなぐまでにすべきこと、できるこ
とを事前に把握しておくとよいでしょう。しかし、緊急時にガイドが常にゲ
ストと一緒にいられるとは限りません。ガイドがアテンドする手配旅行や団
体旅行でも、宿泊先や移動中、観光地での自由時間など旅行客だけで過ごす
時間は多々あります。このため、日本は今後のインバウンド拡大を見据え
て、日本語ができない旅行客の立場に立ち、緊急時における多言語での災害
時対応の備えを進めることが重要な課題であると言えます。

5.　おわりに

　観光には、日常から離れた地域や、他の国々に移動する活動が含まれま
す。目的地では違った言語が話されていたり、異なる文化や習慣も存在して
います。これまで述べてきたように、外国語ガイドはいくつかの言語を操
り、多文化を理解した心強い旅行者のサポーターとなるのです。また、外国
語ガイドは旅行者と直接関わることを通じて、旅行者の経験を形作る重要な
役割を果たします。訪れた観光地で、旅行者が安全で快適に旅をすることが
できるかどうかだけでなく、満足度の高い経験を得ることができるかどうか
は、ガイドの知識やコミュニケーション能力など、そのサービスの質にか
かっているとも言えます。また、これは観光に携わるすべてのステークホル
ダーにとっても重要な問題であり、これまで以上に外国語ガイド、とりわけ
有資格の通訳ガイドのプロフェッショナリズムやトレーニングの必要性が高
まっているのです。

　訪日観光客 4,000 万人の時代に向かおうとしている今日、どれだけ質の高い外国語ガイドが供給できるかということは、今後の日本の観光産業の成功にも大きく関わってきます。

[注]

1) 通訳案内士（通称：通訳ガイド）は、訪日旅行者に外国語で観光地の案内や、日本についての説明をして旅行をサポートする仕事です。通訳案内士は高い外国語力はもちろん、日本の地理歴史、政治経済、一般常識などの幅広い知識を習得していることが求められます。一方、ツアーコンダクター（添乗員）は、団体旅行などに同行して各種手続きや案内をする仕事です。たとえば、旅行者が搭乗する飛行機や宿泊先のチェックイン、食事場所の手配などを主に行います。
2) 日本政府観光局「全国通訳案内士試験概要」<https://www.jnto.go.jp/jpn/projects/visitor_support/interpreter_guide_exams/about.html> (2020 年 3 月 19 日閲覧)
3) 観光庁「参考：地域通訳案内士の導入状況（令和元年 6 月 14 日時点）」<https://www.mlit.go.jp/common/001293449.pdf> (2020 年 3 月 19 日閲覧)
4) 観光庁「通訳ガイド制度 ── 改正通訳案内士法の概要」<http://www.mlit.go.jp/kankocho/shisaku/kokusai/tsuyaku.html> (2020 年 3 月 19 日閲覧)
5) 法改正前は、資格を持たずに有償でガイドを行った場合、罰則が設けられていました。
6) JNTO のサイトに全国通訳案内士試験の概要があります。<https://www.jnto.go.jp/jpn/projects/visitor_support/interpreter_guide_exams/about.html> (2019 年 12 月 1 日閲覧)
7) 報奨旅行。一般的に企業が業績の優秀な人材に対して報酬として提供する旅行のこと。
8) SIT は一般的な観光地訪問を目的とするのではなく、スポーツ観戦やオペラの鑑賞など、趣味性の高い特定の目的がある旅行を指します。
9) 日本政府観光局「List of volunteer guides」<https://www.japan.travel/en/plan/list-of-volunteer-guides/> (2019 年 12 月 1 日閲覧)
10) 北星学園大学短期大学部英文学科の Web サイトで紹介されています。「今年も短期大学部英文学科主催の「ガイド学習ツアー」を実施しました！」<https://eibun-jc.blogspot.com/2019/10/blog-post.html> (2020 年 3 月 19 日閲覧)、「【短期大学部英文学科】今年も観光バスツアーを実施しました！」<http://eibun-jc.blogspot.com/2018/07/blog-post_12.html> (2020 年 3 月 19 日閲覧)
11) 東海大学観光学部のサイトで紹介されています。「観光学部生が外国人観光客向けに英語でガイドを務めました」<https://www.u-tokai.ac.jp/academics/undergraduate/tourism/news/detail/post_90.html> (2020 年 3 月 19 日閲覧)
12) JNTO が作成しています。「Safety tips for travelers」<https://www.jnto.go.jp/safety-tips/eng/> (2019 年 12 月 31 日閲覧)

参考文献

観光庁 (2009)「訪日外国人地域別割合と通訳案内士の言語別割合 (通訳案内士の制度と現状について)」<http://www.mlit.go.jp/common/000058991.pdf> (2019 年 12 月 1 日閲覧)

観光庁 (2016)「通訳案内士制度の見直しについて」<https://www8.cao.go.jp/kisei-kaikaku/suishin/meeting/wg/toushi/20161215/161215toushi01.pdf> (2019 年 12 月 1 日閲覧)

観光庁 (2017)「通訳案内士制度の見直し方針について　最終取りまとめ」通訳案内士制度のあり方に関する検討会 <http://www.mlit.go.jp/common/001175894.pdf> (2019 年 12 月 1 日閲覧)

産経新聞 (2019)「おもてなしの切り札「通訳案内士」── 規制緩和も質課題」2019 年 1 月 18 日 <https://www.sankei.com/life/news/190118/lif1901180058-n1.html> (2020 年 3 月 19 日閲覧)

島尻讓司 (2013)「高まる通訳案内士への期待と役割」『日経研月報』422, 64-69.

ランデル洋子 (2016)『通訳ガイドが行く ── インバウンドは私たちが盛り上げる！』イカロス出版

Christie, M., & Mason, P. (2008) The good guide: Identifying and engendering generic skills in the training of tourist guides. In B. Sutheeshna, S. Mishra, & B. Bhusan Parida (Eds.), *Tourism development revisited: Concepts, issues and paradigms*. New Delhi, India: SAGE Publications India Pvt.

Fujita, R., & Tanaka, N. (2016) A survey of professional interpreter-guides in Tokyo and Sapporo for introducing tour guide-education at Japanese universities. *The Annual Report of JACET SIG on ESP Editorial Committee, 18*, 20-24.

Seidlhofer, B. (2005) English as a lingua franca. *ELF Journal, 59*(4), 339-340.

Tanaka, N. (2016) Japanese guide-interpreter. In K. Morikoshi, & K. Yoshida (Eds.), *Introduction to hospitality and tourism :A CLIL approach* (pp. 54-58). Woodlands, Singapore: MarketAsia.

Weiler, B., & Black, R. (2014). *Tour guiding research: Insights, issues and implications*. Bristol, UK: Channel View Publications.

第**8**章

1964年東京オリンピックの言語政策遺産

藤井久美子

　21世紀になってからの東京での2度目のオリンピック・パラリンピックの開催決定は、日本の多言語環境に劇的な変化を与える契機となりました。選手はもちろん、観客も含め、これまでにない規模で多様な外国人が短期間に日本を訪れることが予想されるからです。そこで、さまざまな検討を経て各種の取り組みが進んでいます。しかし、今回の東京開催に向けた対応策の中には、実は、1964年開催時にも短期間実施されたり、議論になっていたりしたことも多くあるのです。そこで本章では、1964年当時の状況を振り返りつつ、オリンピックのような世界的なイベントの開催によって世界中から人々が日本を訪れるような場合に、日本に求められる多言語対応の本質的課題は何なのかを探ってみたいと思います。

1. はじめに

　2013 年 9 月、2020 年のオリンピック・パラリンピックが東京で開催されることが決まると、マスコミはこぞって訪日外国人の対応について報道を始めました。その際、問題になったのは、日本の外国語による接遇にはさまざまな課題があるということです。たとえば、日本の道路標識は外国人にはわかりにくいとか、外国語表示があっても、それはその言語使用者が見ると意味不明であったり礼儀を欠いた表現であったりするということです。こうした事柄は、以前から言語景観を研究する人々などの間ではよく知られており、指摘もされていました[1]が、改善されないままにオリンピック開催が決定したのです。多言語対応の現状に対する問題点は、オリンピック・パラリンピックの開催が決定して、ようやく社会的に議論の俎上に上がることになりました。

　日本の外国人観光客は、2003 年に小泉純一郎首相（当時）が観光立国宣言をして以降増加し、ここ数年は急速なスピードで増加しています。2013 年にオリンピック・パラリンピック開催が決まった当時、オリンピックの年には 2,000 万人を目指すといわれていたものが、2015 年には 1,974 万人と目標値にほぼ到達し、その後 2018 年には 3,119 万人にまで到達しました。現在は当初の目標を大きく超える 4,000 万人をオリンピック・パラリンピックイヤーには達成することを目指す、とまでいわれるようになっています。

　すでに述べたように、今回の東京オリンピック・パラリンピックの開催決定は、日本の中の外国人接遇に急激な変化を与える要因となっています。では、今から 56 年前に開催された前回の東京オリンピックの際には、外国人との交流はどのようにとらえられ、その時にはいかなる課題が見いだされていたのでしょうか。さらに当時、オリンピックの開催で、日本社会にはどのような変化が生まれたのでしょうか。この章では 1964 年の東京オリンピック時に考えられていた国際観光を概観しつつ、今日の観光政策の課題を探っていきます。

2.　1964年のオリンピック開催と外国人接遇

2.1　オリンピック開催とオリンピック国民運動

　そもそも、日本で初めてオリンピックが開催されるのは1940年のはずでした。しかしながら、この時は戦況悪化のために返上され、その後、この夢を継承する形で1964年の東京オリンピック開催を目指し、ようやく実現した、といわれています。

　1964年のオリンピック開催の意義は、①第12回大会（1940年）に代わる国際社会での地位確立、②戦後復興の証、③新たな時代に向けた東京の街づくり、④国際社会への再デビュー、⑤次世代を担う若年層への教育的効果、の5点にあるといえるでしょう。こうした5点のうちのいくつかは、「オリンピック国民運動」の中で取り組むことになりました。

　オリンピック国民運動では、オリンピック競技大会の理解や国際理解、また、健康の増進など、国民全体でいくつもの取り組みを推進することになりました。1963年にオリンピック国民運動推進連絡会議が発足すると、『文部時報』第1043号（1964年7月）には、「通達」として「学校におけるオリンピック国民運動の取り扱いについて」や、「資料」として「オリンピックと社会教育」などが掲載されました。このうちの後者を見ると、緊要な重点目標としては「1　オリンピックの理解」「2　日本人としての自覚と国際理解」「3　公衆道徳の高揚」「4　健康の増進」の4点が挙げられています。このうち、主として「2　日本人としての自覚と国際理解」を担当した国際理解運動部会は、日本ユネスコ協会連盟、国連協会、新生活運動協会、中央青少年団体連絡協議会など、18の民間団体が中心になって展開されました。国際理解に関する具体的な目標は、以下の6項目です（彦坂1964）。

(1) 外国および外国人についての正しい知識の普及に努めること
(2) 外国人にたいして日本人としての品位を保ちつつ、平等に応接する態度の養成に努めること
(3) 外国人にたいして親切にかつ明朗に応接する態度の育成に努めること
(4) 外国人が日本を正しく理解するように努めること
(5) 各国の国旗を理解し、これを尊重する態度の養成に努めること

　(6)　各国の国歌を理解し、これを尊重する態度の養成に努めること

　ここに書かれていることは、外国人と接する時には、日本人としての自覚を高め、人間として対等にかつ友邦国民としての親しみと尊敬をもつべきであるということです。こうしたことが国際理解推進の大切な要素であるといってもよいと思います。

　オリンピック国民運動に関連して出版された『オリンピック読本（高等学校・青年学級向け）』[2] には、次のような記述も見られました（文部省 1963）。「近年においては、国家主義の行き過ぎから、オリンピックの理想とはかけ離れた考え方をしているものがあるが、これははなはだ残念なことである」「外国人が日本人を正しく理解するためにはまず、日本人自身の品位を高めることがたいせつである」「人に親切にすること。日本人は道を尋ねられた場合でも親切に教えることが少ない。特に環境に慣れていない外人客に対しては、まず親切に応対することをモットーにするべきである」などとして、国際社会への再デビューのため、まずはやはり、基本的な国際理解に努めるよう促しました。

　『オリンピック読本』は国内の諸地域でも出版されましたが、埼玉県には、副題のついた『オリンピック読本 ── 教師のための指導資料』というものがあります[3]。その中には、オリンピック国民運動について述べた箇所で次のような挿絵も用いられました。

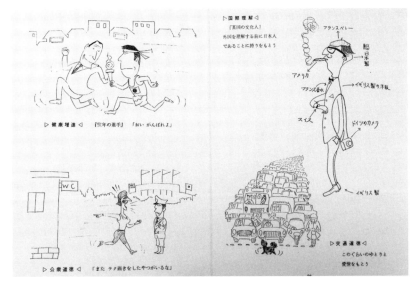

図1　オリンピック国民運動について述べた箇所の挿絵
出典：埼玉県教育委員会編 (1964) [4]

　挿絵で描かれた内容は、外国人のために必要とされる具体的な言語使用などではなく、まさに、それ以前に求められるであろう「日本人としての自覚と国際理解」だといえます。それほどに、この当時は外国人と接することに慣れておらず、現在なら当然ともいえる国際的に求められるふるまいからも程遠い状況でした。

2.2　外国人が求める対応を知るための取り組みとその効果

　日本社会の現状は **2.1** で述べたようなものでしたが、1950 年代の日本は戦後復興にまい進しており、戦争で失った国際社会での地位を回復し再確立するためにも、オリンピックの成功は不可欠でした。

　そこで、オリンピック開催に向けて、外国人対応のためには何が必要かを外国人に直接ヒアリングする取り組みも実施されました。その一つが『東京オリンピックに備える外客受入れをめぐる提言』に残されています（東京商工会議所 1961）。これは、東京商工会議所が開催した「外客受入れ改善会

議」の報告書で、参加者が外国人であったことから、より具体的な問題点と
その解決案が示されました。会議では、参加者から、日本社会で日常的に感
じている困難が訴えられるとともに、彼らが考えるアイデアなどが提示され
ました。それらをまとめると以下のようになります。

・標識のローマ字化
・公共交通機関の英語案内
・バス路線のナンバリング
・イヤホンガイド
・特設電話（外国語ができる人物が対応する特別な電話）
・カード・システム（ホテル名など必要なことを日本語で書いたカードを
　作成し、それをタクシードライバーに渡す）

　これらの提案に基づくものかどうかはわかりませんが、オリンピックの様
子を紹介する写真を見ると、ここでの提案が実現したかのような状況が見て
取れます（写真 1、写真 2）。

写真 1　千駄ヶ谷に設けられた一都五県の共同案内所
出典：東京都 (1965: 43)

写真 2　外人客のバス輸送
出典：東京都（1965: 44）

　千駄ヶ谷に設置された観光案内所では、「富士山・富士五湖」「日光」への観光案内が外国語で行われたり、バスには行先別に番号が振られてローマ字で表示がなされたりと、このような状況・映像からは現在の日本社会の一端を垣間見るようです。

　ここで、オリンピック開催に際して国鉄（日本国有鉄道、現 JR）がどのような対策を考えていたかということを少し紹介します（太田 1964）。国鉄では、オリンピックが開催される 10 月いっぱい、東京、横浜、上野、新宿、渋谷、千駄ヶ谷、信濃町の駅に、外人旅客案内所を設置することにしました。特に、フランス語とスペイン語という「特殊外国語」による案内は東京駅八重洲口に集中させて、電話を用いて直接やり取りをする方法も併用することとしました。他には、東京駅等の関係 30 駅の電光掲示板を改善し、横書き・英文併記を原則とすることも決めました。その内容は平易な英語を心掛け、また、重要なものには合わせてフランス語も併記することにしたそうです。外国人旅行客のために専用の案内書やパンフレットも作成し、駅や車内にも置いたといいます。

2.3　開催地東京の取り組み

　オリンピック国民運動は全国で実施されましたが、そもそも、開催地東京ではどのような準備が行われていたのでしょうか。以下では 2 つの資料を

紹介します。

　まず一つ目は、『オリンピック東京大会関係資料』の「外客受入計画」です（東京都オリンピック準備局企画部広報課編 1964）。ここには、外国人旅行客の臨時増加を運輸省が全部で 13 万人と見込み、期間中のピーク時には 1 日 3 万人の滞在者があるものと想定したと書かれています。そこで、滞在先として、ホテル、旅館以外にも、ユース・ホステル、日本式旅館（国際観光ホテル整備法に基づかない施設）、船中泊、民泊（一般民間住宅）[5]、アパート（マスコミ関係者用）、その他（特定会員専用の宿泊施設）の利用を検討したそうです。さらに、国内外の観光客の都内の移動を容易にするために、都内のおもな道路にわかりやすく親しみやすい名称をつけたり[6]、道路名案内標識も設けられたりしました。

　次に紹介する資料は、『オリンピツク東京大会開催に伴う東京都観光事業振興五ヶ年計画の再検討について』です（オリンピック準備局観光部 1962）。この中では 7 つの「考慮を要すべき問題点」が提示されましたが、その中の「Ⅲ. 接遇案内の充実（観光案内所、ホーム・ビジット、観光客接遇関係者の教育、観光標識、観光関係団体の育成、通訳案内業者の養成）」から、特に言語対応に関する記述がある箇所を抜粋すると、次のようになります。

　（3）「観光客接遇関係者の教育」4 点
　　　二番目（ロ）…「語学講習会」
　（4）「観光標識」
　（6）「通訳案内業者の養成」

　なお、（1）として「観光案内所」も出ていますが、ここでは「数を増強すべき」などという記述はあっても、言語についての言及はありません。また、「（4）「観光標識」」の項では、標識を多数設置するとした上で、現状は「都内に散見するこの種標識には、外人客にとって、はなはだ不親切なものが多い」として、次のように述べられました。

　　　道路、苑路の方向案内、街路名の表示、交通機関の行先案内、などの標識、および史蹟、名勝、著名建造物などの説明板には、必ず和英両文

　の併記が必要である。表記の方法については、文字以外に絵による表現
　の方法も研究すべきである

　道路標識、交通案内、名所旧跡等での説明には和英両文が必要で、さらに
は、文字以外に絵も入れるほうがよい、というこの部分を読んでいると、最
近もどこかで聞いたようなフレーズだという気がしてなりません。また、こ
こでの「絵」という言葉からは、ピクトグラムの存在を思い出します。
　オリンピックの開催地は、1964 年の東京大会までは、英語かフランス語
が公用語か、そうでなくても、使える人々がいくらかはいるだろうと予想さ
れる国々であったのに対し、日本はこれまでとはまったく異なる言語状況
であることは明らかでした。そこで、「言語（文字）」とは異なる「絵」の需
要が生まれたといえます。レタリングなどにも詳しい原弘という人物がお
り、競技名の前に絵を入れて示せばわかりやすくなるだろうと考えたようで
す。そこで、弟子にシルエットを描かせて、それを 1963 年の日本宣伝美術
展覧会に出してみると非常に評判になり、それで入場券や競技場の道路のし
るしにも使われるようになったということでした（家喜・伊藤・富永・星野
1964）。これにより、東京オリンピックでは 20 競技のシンボル（現在のピク
トグラム）が使われました。1964 年の東京オリンピック開催時に生まれた
ピクトグラムは、この後さらに発展・進化を遂げ、その後のオリンピック開
催地でも使用されています。今回の東京オリンピック・パラリンピックで使
用されるピクトグラムもすでに公開されています。

3.　外国人接遇のための通訳

　設備を整えたり、あるいは、言語（文字）に代わるものを考えたりするこ
とは重要ですが、外国人接遇で最も求められるのは、やはり外国語を用いた
コミュニケーションでしょう。1964 年のオリンピック開催時にもこの点が
最も懸念されました。しかし、言葉の障壁は、今後オリンピックが欧米以外
の多様な言語的背景をもつ地域で開催されるようになれば必ず問題になるこ
とだからこそ、東京大会での取り組みは試金石になるものとして、組織委員
会ではさまざまな方法が検討されました。

3.1 訓練を受けた通訳

　オリンピック開催にあたり、通訳をどのように確保するかは大問題でした。たとえば、2.3で紹介した『オリンピック東京大会関係資料』「外客受入計画」でも、通訳の確保と教育についての記述を見ることができます。

　通常、外国語を用いるガイドは試験に合格する必要があります。1964年は、1ヵ月早めた通常試験に臨時試験も加えて934名の合格者を出し、それまでの合格者2,757名の存在も考慮して、都道府県知事の免許を得たガイド約2,000名が確保されたと考えられました。大会時の通訳としては約950名の募集が計画され、うち約400名は学生から募集して、接伴関係は主として外国の習慣、マナー等に通じた学生以外の語学堪能者から選ぶことが決まりました。外国語は、英、仏、独、西、露、伊などの各国語とし、このうち英語通訳を約5割とすることになりました。

　学生通訳が多く採用されたのは、比較的時間に余裕があり、訓練のための時間が確保しやすいであろう、という理由からでした[7]。1963年4月に、都内の特に語学教育に熱心であると考えられる約20の大学に対して、組織委員会は、英語かフランス語がよくでき、通訳として適格と思われる学生をそれぞれ15〜20名ずつ選定してもらうように依頼し、結果として、18大学から298名の推薦がありました。学生通訳は競技運営に直接かかわる通訳として専門用語の通訳能力も求められることから、大学の休暇時を選び、5〜10日間の連続した全体講習会を3回実施しました。ただし、学生通訳が担当したのは英語とフランス語のみであったため、これ以外の言語も含めた一般通訳の採用も行われました。こちらはオリンピックが開催される1964年4月からの募集、6月中旬合格者発表というスケジュールで、大会までの研修は短期にならざるをえませんでした。一般通訳とはいえ年齢を35歳までと限ったこともあり、結果としては、こちらも学生が合格者の70%を占めることになり学生頼みという状況でした。ただし、この時の学生通訳の日給は2,000円で、残業があると500円増えました。また、大学院生の場合はさらに500円高く、15日間勤務すると、控除を除いた残額でも3万円程度の収入が得られたようです（杉並区立郷土博物館分館編2014）。「注釈」によると、当時の巡査初任給は1万8千円だったようで、これと比較すると、学生にはかなりの高給といえます。オリンピック東京大会組織委員会から

出された『公式報告書』のほうには、学生通訳と一般通訳で約1,200名の通訳を確保した他に、3言語以上の通訳能力をもつ人材として、外国人通訳を27名採用したことも記されています。

3.2　善意通訳

　1964年の東京オリンピックでは、「善意ガイド（善意通訳）」という存在も忘れることができません。「善意ガイド」は、オリンピック国民運動推進連絡会議国際観光振興会と日本観光協会などによって行われた運動です。外国語（英、仏、独、伊、西、葡、中、露）会話可能者に、胸部に着用するバッジ（"Good-will Guide"と書かれている）と携帯用テキストを配布し、通勤・通学途上や業務の合間に、街頭や駅などで積極的に外国人接遇を行ってくれるよう、協力を依頼しました。これは無料奉仕の善意による通訳で、通算1年以上海外に住んだことのある人や、通算2年以上外国語を使用する業務に従事した人など25,000人が選ばれ、10月から11月までの2ヵ月間、この運動に協力しました（文部省 1965: 133-134; 東京都 1965: 189-190）。参加者数は当初の計画通り25,000人で、うち、都内16,437人、道府県8,563人でした。言語別では、英語22,500人、フランス語700人、ドイツ語450人、イタリア語50人、スペイン語550人、ポルトガル語50人、中国語300人、ロシア語400人となります。

　このように非常に苦心して集められた通訳・ガイドですが、その仕事ぶりに触れた文章では、次のようなこともあったようです。宿泊施設の不足のために準備された船中泊について、港湾担当者が日々の様子をエッセイ風に記した（薄井・山添 1965）中に、ある通訳から聞いた話として、日本の葬式を見たいという外国人がいたが、どこで見られるのかもわからないため浅草の観音様を紹介したなどというエピソードがあります。現在ならひどい話ですが、これさえもほほえましいことのように書かれています。内容全体からわかることは、この当時は外国人の受け入れにおいて最も重視されるのは、「言葉が多少通じなくても親切に接することであり、不満をもたれることなく笑顔になってもらえればそれが何より」と考えられていたということです。

3.3　一般の人々の外国語への反応 —— 学習促進と実際の使用について

　ここまでは、通訳やガイドと呼ばれる人々についての説明でした。では、一般の人々にはどのような外国語学習が可能だったのでしょうか。オリンピック開催に向けては、外国語学習のための書籍が出版されました。以下ではそれらのうちのいくつかと、その中の特徴的な部分を紹介します。

(1)　『English for the Olympics（オリンピック英会話）』

　これは英会話の参考書ではありません。（中略）しかし、1964 年のオリンピック大会の前後を通じて、あなたは外国人と友だちにならなければならぬ立場にあるのです。（中略）彼らの希望とあなた方のサービスとの間の橋渡しをすることだけです。これを円滑に行なうにはことば —— 日本に来る外人のほとんどが用いることば、英語 —— が少しできればよいのです。（中略）この目的のために必要な英語は、（中略）細かなニュアンスに富んだ口語英語ではなく、外国人の要求を見てとって、それに応答するのに必要なだけの、簡単で直接的な —— しかし上品で正しい —— 英語です。

（W. L. ムーア著　1962 年　旺文社）

(2)　『オリンピックのフランス会話』

　フランスという国は妙に日本人の心をとらえるものらしい。しかし、シャンソンが流行しディオールラインが女性にもてはやされてもフランス語の方は、なかなかむつかしいものらしくて、本腰を入れてやろうという人の数は余り多くないらしい。それでも、オリンピックともなれば、英語ばかりが通じるものでもなし、ひとことぐらいはフランス語ができても、悪い気持はしないかも知れない。そんなつもりで、気軽に読める会話の本を作って見た。（中略）ちょっとポケットにしのばせて、オリンピックに来るお客様のお相手をしていただければそれでよいのだ。

（三保元・秋山栄吉著　1963 年　白水社）

(3)　『オリンピック 6 ヵ国語』

　この本は外国語会話の学習書ではありません。（中略）ドロナワと笑われようが何とか相手に通じる言葉をしゃべらなければならない…そんな

のっぴきならない要望にこたえてこの本が出版されることになったのでしょう。（中略）このだいじなひとことを口にすることができれば、外人に話しかけられても逃げ腰になる必要はないでしょう。（中略）ですから、ある場合には言葉よりもずっと"ものをいう"エチケット、外人に接する心得や常識のようなものにもかなりのスペースをさきました。

（松原俊朗著　1963 年　ビデオ出版）

(4)『オリンピック競技の英語』

　オリンピック・スポーツを英語を通して理解しようとする人、あるいはその必要性の出て来る人も数多くいる事と思われる。（中略）急速に実用英語の必要性が増大してきた今日、若い日本の社会人がある程度のオリンピック・スポーツに英語で親しんでおくことは主催国として重要な礼儀の一つと考えられる。　　　　　　（宇野尚志著　1963 年　研究社出版）

　これらの書籍の内容に共通すると考えられるのは、国際社会への再デビューのためには、その言語の高い能力よりも、最低限相手を不快にしないマナーの習得と、もてなしの気持ちがいくらかでも表明できるなにがしかの能力の体得、ということだと思われます。

　外国語表示に関しては、オリンピック前に、朝日新聞の「すてんどぐらす」欄に次のようなエピソードが紹介されました[8]。アメリカの大学教授が日本に来て、さまざまな場所に掲示されている日本式英語のコレクションをしている、という話です。

　　わたしはホテルのいろいろな掲示に使われている日本式英語、私はこれを Japlish と呼んでいるが、そのコレクションを始めた。（中略）ホテルのプールのわきに紙くずを捨てるためのカゴが置いてあった。（中略）それには "Waste here, please" と書いてあった。これでは、ホテルがお客さんにカゴの中か、そばで長わずらいをして死んでくださいといっているようなものだ。（中略）看板や表示を外国語で正確に書くことはむずかしい。その国の人に一応チェックしてもらったらどんなものだろう。

本章の**1.**でも述べたように、このような誤訳にまつわるエピソードは、今回の東京オリンピック・パラリンピック開催が決まる前から、言語景観を研究する人々の間では何度も議論されてきました。また、開催決定後は、日本社会が共有する課題としても広く知られるようになっています。

4.　おわりに

　ここまで、1964年に東京オリンピックが開催されることが決定した後の日本社会における訪日外国人に対する接遇、特に、外国語対応についてみてきました。

　1964年の開催時には、日本はオリンピックを開催することのできる国家にまで復興を遂げたことを世界に示し、国際社会に再デビューすることを目指していました。日本人には、外国人と友だちになったり、国際社会（といっても欧米）で恥をかかないようなふるまいができたりすることが目標として設定はされましたが、それさえもハードルが高く、したがって、実際に高い言語能力を駆使するようなことは決して求められはしなかったのです。

　それよりも、1964年当時を振り返ってみて最も特徴的なことは、1964年当時に議論されたことと同じことが、今回東京での開催が決定されると、また盛んに検討されているということです。標識の設置や外国語表記、また、日本語に代わるナンバリングやピクトグラムの存在、他には、通訳をどのように確保し、対価をどう考えるか。いずれもここ数年、ずいぶん議論されてきました。言語対応以外の部分でも、たとえば受け入れ先の確保として、民泊や船中泊が考えられたのは、何も今回のオリンピック・パラリンピックが初めてではない、ということです。

　田崎清忠はオリンピックの後に開かれた大阪万博に向けて『万博英語』という書籍を執筆しましたが、本書の冒頭部分では、1964年東京オリンピック当時の外国語学習の様子を次のように述べています（田崎1970）。

　　　第18回オリンピックのときは、副次的に「英語ブーム」がおきた。オリンピックにのみそなえて英語会話をべんきょうした人たちは、無惨にもその期待を裏切られた。選手たちは、それほど日本人と接触しな

かったからである。

　結果的には、一部の人々が熱心に取り組んだ語学学習もボランティア活動も当時はあまり役に立たなかったようですが、オリンピックが終わるとその当時の課題をすっかり忘れ、また次のオリンピックが来たら、同じことを同じように議論することは、この度の開催でこそ終わらせたいとは思わないでしょうか。ちなみに、1964 年オリンピックで作られたピクトグラムは、その後、日本発の非言語表示として世界に広がっていきました。これこそ、日本が誇るレガシー[9] と呼べるものだと思います。

　では、21 世紀になった今回の大会ではどのようなレガシーが作られるのでしょうか。東京都は、今回、講習を受けて都の許可を得る「外国人おもてなし語学ボランティア」という制度を作りました。「おもてなし」という言葉が含まれていることからも想像できるように、役割は 1964 年の「善意ガイド」を想起させます。語学ボランティアや通訳に関しては、「ボランティア＝無償ではない」ということも含め、近年さまざまな議論がなされてきました。通訳のように、一定程度以上の能力が求められるものを無償とするのは能力の搾取である、という批判もあります。多言語が使用される状況下で外国語能力をどのように評価すべきかは、今後も日本社会の大きな課題の一つとなるでしょう。

　2025 年には大阪で万国博覧会も開かれます。今回の東京オリンピック・パラリンピック開催を経て、大阪万博では多言語対応、言語のユニバーサル化は一層充実できていなければなりません。これこそが、日本が 50 年以上を経て、2 度目のオリンピックを開催する言語政策的意義となるべきではないでしょうか。

[注]
1)　代表的なものとして、庄司ほか (2008) が挙げられます。
2)　オリンピック普及資料は、組織委員会をはじめ、各機関、団体等で作成配布を行いました。『オリンピック読本』は文部省で作成されたものです。「高等学校・青年学級向け」以外にも「小学生のために」「中学生のために」といったものもありました（文部省 1965: 189-190）。

3) これは、文部省発行の「オリンピック読本」、組織委員会報「東京オリンピック」、白水社刊行「オリンピックの歴史」を参考に、県教育委員会と県オリンピック推進協議会から出されたものです。

4) 目次には「マンガ　菅谷貞夫（三郷第三小学校）」と記載があります。

5) 「民泊」という言葉が広がったのは、オリンピックの直前にあった 1962 年の岡山での国民体育大会時だったといいます。一般の民家がすすんで選手を宿泊させ、それが大変好評だったことから、この新語が流行しました（川本 1964）。

6) この時、都は都内の道路 69 路線に通称道路名を決定しました。「明治通り」「山手通り」「甲州街道」などがこれにあたります（八王子市郷土資料館編 2008）。

7) 以下、通訳の養成状況などについては、オリンピック東京大会組織委員会編（1966）に詳しく書かれています。

8) 『朝日新聞』（東京版）1964（昭和 39）年 8 月 22 日朝刊 16 面「すてんどぐらす」欄。

9) 「レガシー」という言葉自体は、1964 年のオリンピック当時には言われていませんでした。それが、1990 年頃から意識され始め、その後、2002 年の IOC 総会で規定されてオリンピック憲章に加えられました。オリンピック・パラリンピックの開催を一時的なものとせず、終了後も、その都市にスポーツ、社会、環境、都市、経済の 5 分野によい影響・遺産的なものが残ることを目指すものです。

参考文献

薄井体・山添鎮一（1965）「オリンピク東京大会時の船中泊後始末記」『港湾』42(1), 38-47.

太田壽（1964）「国鉄の訪日観光客輸送と接遇対策 ── 特にオリンピックを迎えるに当って」『運輸と経済』昭和 39 年 10 月号, 14-16.

オリンピック準備局観光部（1962）「オリンピク東京大会開催に伴う東京都観光事業振興五ヶ年計画の再検討について」昭和 34 年度諮問第 1 号に対する答申

オリンピック東京大会組織委員会（編）（1966）『第十八回オリンピック競技大会公式報告書［上］』オリンピック東京大会組織委員会, pp. 106-108.

川本信正（1964）「オリンピックと日本語」『言語生活』157 号, 64-67.

埼玉県教育委員会（編）（1964）『オリンピック読本』埼玉県教育委員会・埼玉県オリンピック推進協議会, pp. 34-35.

庄司博史ほか（2008）「第 20 回研究大会ワークショップ ── 日本社会の多言語化と多言語景観のとらえかた」『社会言語科学』11(1), 170-174.

杉並区立郷土博物館分館（編）（2014）『1964 東京オリンピックと杉並 ── 1964 年東京オリンピック・パラリンピック 50 周年記念』杉並区立郷土博物館分館, p. 37, p. 68.

東京商工会議所（1961）「東京オリンピックに備える外客受入れをめぐる提言」外客受入れ改善会議より

東京都（1965）『第 18 回オリンピック競技大会　東京都報告書』東京都

東京都オリンピック準備局企画部広報課（編）（1964）『オリンピック東京大会関係資料』東京都オリンピック準備局企画部広報課，pp. 35-39.

田崎清忠（1970）「万国博と英語会話 ── 「はしがき」に代えて」『万博英語』ジャパン・タイムズ

八王子市郷土資料館（編）（2008）『オリンピックがやってきた！ ── 市民の支えた熱き日々（平成 20 年度特別展図録）』八王子市教育委員会，pp. 14-15.

浜田幸絵（2018）『〈東京オリンピック〉の誕生 ── 一九四〇年から二〇二〇年へ』吉川弘文館

彦坂春吉（1964）「オリンピックの理想と国際理解 ── 国際理解をすすめるために」『体育の科学』14(8), 433-435.

藤井久美子（2017）「中国語圏からの外国人観光客受入れに求められる多言語対応について」宮崎里司・杉野俊子（編）『グローバル化と言語政策 ── サスティナブルな共生社会・言語教育の構築に向けて』明石書店，pp. 197-209.

文部省（1963）『オリンピック読本（高等学校・青年学級向け）』文部省，pp. 54-58.

文部省（1965）『オリンピック東京大会と政府機関等の協力』文部省

家喜冨士雄・伊藤慎一・富永正信・星野敦志（1964）「〈座談会〉東京オリンピックの報道をめぐって」『言語生活』157 号，48-61.

Column ③

ピクトグラムと文字情報

橋内 武

　海外から着いた旅行者は国際空港に降り立った後、入国審査、手荷物受け取り、税関、出口、トイレ、両替、地下鉄・バス・タクシーなどのサインを目印にして行動します。では、どのようなサインが外国人旅行者にとって分かりやすいでしょうか。ピクトグラム (pictogram) と文字情報 (written information) を手がかりにして考えてみましょう。ピクトグラムとは絵記号のこと、それに対して文字情報とは個別言語で書かれた情報のことです。

▶ 公共サインの定義と種類

　サインとは、何らかの情報をその場にいる人に伝達するために文字化・記号化したものです。それには、公共サインと商業サインがあります。

　公共サインは、公的な組織・機関が市民の生活行動に役立つように付けたものです。他方、商業サインは、私企業が営利目的のために掲げたものです。

　国土交通省は、公共サインを次の4つに分類しています。①誘導サイン：施設・設備等の方向を指示します。②位置サイン：施設・設備等のある位置を告知します。③規制サイン：利用者の行動を規制・禁止するためのものです。④案内サイン：乗降条件や位置関係を案内するためのものです。以下、それぞれの公共サイン（主に空港などの構内で観察したもの）を例示します。

▶ 誘導サイン

　向かおうとしている施設・設備はどの方向にあるか、といった表示を誘導サインといいます。「↑」や「→」の矢印と施設の絵記号だけでも分かりますが、文字情報を併記する場合もあります。写真1は、ドイツのミュンヘン空港にあり、直進すると、瞑想祈祷室（五大宗教）と両替所・喫煙所があるというサインです。

▲写真1　誘導サイン

▶ 位置サイン

　これは施設・設備のある場所はどのように表すかというサインです。

　チロルのケーブルカー入口には、ドイツ語 (ENGANG)・英語 (ENTRANCE) イタリア語 (INGRESSO) の順で「入口」を表しています。日本では、4言語表記が標準化しました。たとえば、岡山桃太郎空港では、トイレを⑱・⑲の絵記号を出した上で、日本語・英語・中国語・韓国語で示します。

▶ 規制サイン

　ある行為を禁じる場合に、ピクトグラム（たとえば、煙のくゆるたばこ）に赤の斜線を入れます。日英語の文字情報では「○○禁止」(No...ing) の定型表現が使われます。たとえば、「禁煙」(No smoking)、「ポイ捨て禁止」(No littering)、「駐車禁止」(No parking) などです。加えて罰金を示すならば、違反者には「5万円以下の罰金を科す」(Up to ￥50.000 fine) などとします。ただし、注意喚起文は多すぎると、効果を減じます。

　ミュンヘン空港の動く歩道は、ピクトグラムで利用法を守るように指示しています（写真2）。①足元注意、②親が子の手を引き、③手摺使用、④手荷物重量は最大限80kgという規制です。重量制限が英語と数字で表示されています。

▲写真2　規制サイン

▶ 案内サイン

　動植物園やショッピングセンター、空港に行ったときに、構内の目的地に達するにはどのような順路で進むべきか、即座に知りたいものです。その場合、入口にある案内図が役立ちます。案内図がICT化されると、デジタル表示＋タッチパネルの形を採ります。たとえば、成田空港や羽田空港の商業フロアでは、4言語のいずれかをタッチします。次に、営業種目を選びます。そのボタンをタッチすれば、行きたい店舗群がハイライトされます。顧客はその中から特定の店を選んで、足早に向かうことになります。

　海外からの旅行者は、現地語が分からなくとも、必要な情報がピクトグラムで伝えられ、デジタル表示＋タッチパネルで示されると助かります。

第9章

観光と言語の
バリアフリー

あべ やすし

本章では、観光の多言語化とバリアフリー化という二つの社会課題について考えます。観光のバリアフリーとは、情報のバリアと移動のバリアをなくしていくことです。飲食店、交通機関などを例にとっても、個別具体的な課題があります。最近は情報技術が進歩しているので、活用できるものがたくさんあります。しかし、技術の進歩によって機械化がすすみ、今度は機械翻訳の乱用や無人化という問題がうまれています。無人化はバリアをうみだします。

日本は災害の多い国であるため、観光中の災害という問題について対策をとる必要があります。観光と災害という「非日常」から日常を問いなおす必要があります。観光の課題は、日常の課題です。だれもが安心して生活できる日常を保障することが、観光客の安心や安全につながります。

1.　はじめに ── 論点の確認

　本章では、情報のバリアフリーの観点から「観光と言語」の論点を確認します。観光客を対象にした多言語対応がとられるなかで、その対応がどれだけバリアフリー化できているかということです。また、バリアフリー観光についての情報が、どれだけ多言語対応できているかということです。車いす利用者にとっての観光は、車いすトイレやエレベーター、ノンステップバスの運行状況など、さまざまな情報が必要になります。そのため、「バリアフリー観光」ということばがあります。「とうきょうユニバーサルデザインナビ」のように、その地域にある各公共施設のバリアフリー状況をまとめたウェブサイトもあります[1]。このウェブサイトを見ると、日本語以外の8言語を選択できるのですが、Googleによる機械翻訳になっています。バリアフリーについてのくわしい情報が、機械翻訳で提供されている場合があるわけです。しかし機械翻訳では誤訳の問題があります。

　交通機関や公共施設のバリアフリーという論点と、言語のバリアフリーという論点について、複合的に検討することが本章の目的です。バリアフリーのためには多様なニーズに気づく必要があります。場面ごと、言語やコミュニケーションのスタイルごとに、ニーズがあります。

1.1　視覚障害者にとってのバリアフリーな多言語対応

　まず第一の論点として、視覚障害者（見えない人、見えにくい人）にとってのバリアフリーな多言語対応とはどのようなものかを確認します。ポイントとして、つぎの3つがあげられます。

・点字表記の多言語化は現実的でない（ただし、点字データの活用はありうる）
・音声情報の多言語化が有効である
・わかりやすい音サインが必要である

　目が見えない人にとって、点字はどこにあるか、わかりません。さわってみなければ、そこに点字があることがわからないのです。さわってみたとき

に、それが何語の点字であるのかすぐにわからない、自分の言語の点字をさ
がす必要があるというのでは、混乱をきたします。漢語 (いわゆる中国語)
の点字にしても、中国と台湾の点字体系はことなっています。広東語の点字
も、ことなる体系です。日本語、英語、朝鮮語、複数の漢語などをならべて
点字表記することは、非現実的なのです (アラビア数字やローマ字などの点
字表記は世界共通です)。ただ、点字は電子データとして処理することがで
きるため、ウェブ上に多言語の点字データを用意することは可能です。ま
た、大手の飲食店が日本語の点字メニューを用意している場合があります。
そういった点字メニューを多言語に対応させるということも、ありえないこ
とではないのです。しかし、視覚障害者のすべてが点字が読み書きできるわ
けではありません。見えにくい人 (弱視者) は拡大文字が必要ですし、点字
は読めない人が多いです。中途失明者も点字が読めるとはかぎりません (一
方で、点字使用者が難聴になったり中途失聴したりすれば、点字はかなり重
要なものになります)。

　そうした点を考慮すれば、音声情報を多言語化することが重要であるとい
えます。交通機関での多言語音声案内は、対応言語にはかぎりがあります
が、すでに実施されています。このような音声情報は、バリアフリーとし
ても重要なとりくみです。合成音声を活用すれば、元のデータ (文章) を修
正するだけで音声情報を修正することができます (やまぎし ほか 2015: 13)。
点字印刷の場合、修正する点があれば、その都度印刷しなければなりませ
ん。点字印刷には専用の機械が必要です。音声情報の場合、文章をかきかえ
るだけでいいわけです。もちろん、合成音声でなく人の声で録音する場合に
は、修正のたびに録音しなおす必要があります。

　観光と言語に関する議論では、ピクトグラムの活用が重要視されていま
す。ピクトグラムは、大きく、見やすく表示されるため、見えにくい人に
とっても重要な情報であるといえます。ただ、ここで確認したいのは「音情
報のピクトグラム」としての「音サイン」(サイン音) についてです。たとえ
ば、改札の位置を知らせる音、列車の発車ベル、非常ベルなどがわかりやす
いことも必要です。日本で使用されている音サインについて、多言語で解説
するウェブページや動画があってもいいでしょう。日本では音サインの活用
がすすめられてきており、場面ごとに体系化されています。

1.2 聴覚障害者にとってのバリアフリーな多言語対応

　つぎに、第二の論点として聴覚障害者にとってのバリアフリーな多言語対応とはどのようなものかを検討してみます。聴覚障害者といっても、聞こえない人、聞こえにくい人がいます。また、手話を第一言語とする人と、音声言語を第一言語とする人がいます。ポイントとして、つぎの3つがあげられます。

- ・ 手話ガイドなど、手話での情報が必要である
- ・ 文字情報の多言語化が有効である
- ・ フラッシュライトや振動を活用した情報が必要である

　日本の各地で、手話ガイドという観光ガイドのとりくみがあります。これは、ろう者や手話通訳者が日本手話で日本のろう者に観光ガイドをするものです。ろう者の国際交流が活発になり、世界各地の手話ができるろう者が増加すれば、日本手話以外の手話ガイドが普及する可能性があります。国際手話とよばれる補助的なもので観光ガイドをするとりくみはすでにあります。一般社団法人日本国際手話通訳・ガイド協会という団体があります。国際手話はあくまで補助的なものであり、ろう者ならだれでも理解できるというわけではありません。アメリカにはアメリカ手話があり、イギリスにはイギリス手話があります。世界各地の手話は、ろう学校の設立など、ろう者が集団を形成したときに誕生した言語です。音声言語を手であらわしたものではないのです。外来語として音声言語の単語も活用されていますが、ひらがなやアルファベットの指文字が手話のすべてではありません。手話は世界共通でもありません。植民地時代にろう学校が設立された背景から、韓国手話と台湾手話の語彙の多くは日本手話と共通しています。人工内耳手術の増加により、ろう学校ではなく普通学校に通うこどもが増加しています。手話を習得する場や機会が縮小しているのです。手話ガイドなど、ろう者が手話で活躍する場が増加することは、手話の復興という意味でも重要であるといえます。

　最近では、観光地で音声ガイド端末が活用されています。しかし、多くの場合、イヤホンで音声を聞くというものであり、多言語対応している点は評

価できても、文字情報が表示できないという意味ではバリアフリーになっていません。スマートフォンやタブレット（モバイル端末）を活用して、文字情報を表示させるというスタイルにすることが重要です。とくに中途失聴者は音声言語が第一言語であるため、手話よりも文字情報が重要です。音声情報と文字情報の両方を提供することが重要であるといえます。

　文字情報だけでなく、フラッシュライトなどの視覚情報も重要です。光や振動など、五感にうったえる情報が必要であり、ピクトグラムや音サイン、フラッシュライトなどが適切にデザインされ、配置されていることが重要であるといえます。

　以上の基本的論点をふまえたうえで、以下では、飲食店、交通機関、災害時の対応という点について、それぞれの論点を確認します。

2.　飲食店について

　観光において、飲食はとても重要なポイントです。食事がたのしめると観光の印象はとてもよくなります。飲食店での対応として、どのようなことが必要なのかを確認します。

2.1　手書きメニューの問題

　視覚障害者はこれまで、バリアフリーに対応していない状況において自身の読書環境を確保するために、OCR（光学式文字認識装置）を活用して、墨字の印刷物をテキストデータに変換し、それを合成音声によって読み上げさせるとか、点字端末で読むということをしてきました。このような自助努力は、モバイル端末の発展によって、観光客にも活用されるようになっています。たとえば、モバイル端末のカメラとOCR機能と自動翻訳機能を活用することで、飲食店のメニューを理解しようとするわけです。わたしの韓国人の友人は、そのようにして飲食店の日本語メニューを読んだそうです。そして、居酒屋のメニューは手書きであるため、OCRがうまくいかず、自動翻訳できなかったとも語っていました。また、ある居酒屋には入店拒否されたといいます。日本語ができない人がいないとダメだといわれたそうです。最近では、ある程度の観光地であれば、英語、漢語、朝鮮語のメニューがある

ことをアピールする飲食店がふえています。しかし一方では、そのような状況もあるのです。たとえば、わざわざ漢語で、漢語のメニューがないこと、漢語のできるスタッフがいないことを入り口に表示している飲食店もあります。飲食店の対応も、店によってさまざまであるということです。居酒屋の「つきだし（お通し）」にとまどう観光客もいます。

　ここでは、視覚障害者がどのように文字情報にアクセスしているのかを参考にしながら、観光客への対応について検討してみます。OCR によるテキスト化は、最近は精度があがってきています。しかし、誤認識が当然発生します。それなら、テキスト情報そのものが入手できるほうが確実です。テキストがあれば、音声化すること、自動翻訳することができます。飲食店がウェブサイトにメニューを掲示すれば、それを自動翻訳させること、読み上げさせることは簡単にできます。タブレット端末などが店にあれば、翻訳や音声化が必要な客に提供することができます。ウェブサイトの運営には知識が必要ではありますが、ブログや SNS などであれば、比較的簡単に作成できます。SNS には自動翻訳機能がついています。

　手書きのメニューにこだわっている飲食店がどれだけそのような「いまどきの対応」を実施するかは不明です。とはいえ、手書き（あるいは手書き風の字体）のメニューが飲食店の利用のバリアになっていることは共有されるべき論点であるといえるでしょう。

　逆に、正確に読みとることのできる情報システムもあります。文字ではなく、QR コード、NFC タグ、音声コードを使用するものです。二次元コードに文字情報を埋め込む技術があり、それをスマートフォンなどで読みとるわけです。なかでも QR コードは、かなり普及してきています。多言語情報に関しても、QR コードを表示し、そこで情報をえるように表示している場合がよくあります。QR コードは、情報量としてたくさんの文字情報をあつかえるわけではありません。そのため、ほとんどの場合は、ウェブページの URL にリンクするしくみになっています。

　QR コードを活用した多言語・バリアフリー対応として、株式会社 PIJIN による「QR トランスレータ」があります[2]。ウェブサイトを見ると、「世界を言語バリアフリーに」というスローガンが掲示されています。「基本機能」を説明するページを見ると、「音声読み上げ」という項目があり、「翻訳表示

された内容は「音声読上げ機能」を使うことで、美術館の館内案内や目の不自由な方への説明にも最適です」とのことです[3]。「省スペース」という項目では「看板等の限られたスペースを利用して多言語での情報発信が可能。国際的な観光地や商業施設、レストランメニューの多言語化に最適」と説明しています。

NFC タグを活用するものもあります。NFC は「Near Field Communication」の略であり、日本語では「近距離無線通信」といいます。NFC は、モバイル端末を「かざす」だけでいいという点が便利です。NFC タグは活用次第でさまざまなことができます。ウェブサイトを表示させるだけでなく、モバイル端末を操作するためのスイッチのように使用することもできます。

NFC タグの観光地での実践例としては、NOK 株式会社による「多言語おもてなしタグ」があります[4]。NOK 株式会社は「多言語おもてなし.com」というウェブサイトも運営しています[5]。ウェブサイトの「機能について」というところを見ると、「日本語、英語、韓国語、中国語（簡体、繁体）に対応しています。管理システムから入力した文章は自動で翻訳され、簡単に表示を切り替えることが出来ます」と説明しています。この NFC タグも、利点は「URL を入力する手間を省いております」ということです。

音声コード（Uni-Voice）は、日本視覚障がい情報普及支援協会が開発したものです[6]。専用の機械かモバイル端末の専用アプリで読みとることができます。A4 の紙 1 枚に印刷された文章程度の分量をおさめることができます。視覚障害者を念頭においた情報システムでしたが、ウェブサイトを見ると、「日本語だけでなく、多言語翻訳による音声コード Uni-Voice の読み取りにも対応しており、訪日外国人への情報提供にも活用することができます（専用アプリは無料で提供）」とアピールしています。

話を整理すると、モバイル端末のカメラで文字を認識するという方法は誤認識する場合があり、スペース上の制約もあるため、二次元コードが活用できるということです。QR コードと NFC タグは、インターネットにアクセスできる状況でなければ活用できないといえます。音声コードは、専用アプリをダウンロードしておけば、モバイル端末に文章を表示させることができます。

現在、観光地で QR コードと NFC タグの両方を掲載している案内掲示が

あります。NFC の機能に対応していないモバイル端末もあるため、どちらかを選択できるようにしてあるわけです。

写真 1　NFC タグと QR コードの活用例 (奈良市の観光案内所にて撮影)

2.2　食品表示の問題

　観光客には、ベジタリアンや宗教上の配慮が必要な人、食品アレルギーのある人がいます。そのため、飲食物の成分表示は非常に重要度が高く、公共性という観点からいっても無視できない論点です。各飲食店の自由 (裁量) にまかせておいていい問題ではないでしょう。社会的な対応が必要です。

　たとえば、多言語に対応した「指さしコミュニケーションボード」を普及させ、注文時に客が指さしで「豚肉は食べない」「牛肉は食べない」「食品アレルギーがある」など、意思表示できるようにする必要があります。その意思表示をうけて、飲食店が対応をとるというしくみが必要です。飲食店側が事前に各メニューについて食品表示をわかりやすく提示することも必要です。ピクトグラムの活用も有効でしょう。たとえば、「アレルギーっ子の旅する情報サイト CAT」というウェブサイトには「アレルギーカード」や「アレルギーマーク」があります[7]。独立行政法人国際協力機構 (JICA) 東京国際センターとエクスポート・ジャパン株式会社による「ハラル＆アレル

ギーカード」というものもあります[8])。

　アレルギーについては、生命の危険にかかわることです。確認することが
非常に重要です。食品アレルギーがあるために観光に不安をかかえている人
もいます。たとえば、修学旅行の定番である京都では、京都府の事業として
「食物アレルギーの子　京都おこしやす事業」が実施されています[9])。こう
いったニーズがひろく共有されていくことで、多言語と食物アレルギーに対
応した観光サービスが実施されるようになるでしょう。

　たとえば、東京都福祉保健局は「飲食店向け食物アレルギー対策に関する
リーフレット」として「飲食店の皆さま　食物アレルギー対策に取り組みま
しょう」というリーフレットを PDF で公開しています[10])。東京都内の保健
所でも配布しているとのことです。このウェブページでは多言語による「ア
レルギーコミュニケーションシート」も公開しています。

　観光では、ふだん食べないものを食べることがあります。そのとき、自分
でも知らなかったアレルギーに気づくこともあります。興味ぶかいとりくみ
として、「230 そば街道推進委員会」による「ジャパニーズ・タトゥー風そ
ばアレルギー・チェッカー」があります[11])。そば粉は世界の各地で食べら
れていますが、食べない地域も当然あります。そこで、そばのアレルギーが
あるかどうかをチェックするわけです。チェックするためのステッカーを体
にはってみるという簡単な方法であり、タトゥー風のステッカーであるとい
う、おもしろさもあります。

　ほかにも、沖縄の「ジーマーミ豆腐」についての注意喚起があります。
ジーマーミ豆腐は、豆腐といっても原材料はピーナッツ（落花生）です。そ
れを知らずに食べて急性アレルギー症状がでてしまった例もあるようです。
沖縄県のウェブサイトに「「ジーマーミ」は「落花生（ピーナッツ）」です！」
というページがあります[12])。このページは日本語だけで呼びかけています
が、一般財団法人沖縄観光コンベンションビューローのウェブサイトでは
「「ジーマーミ」=「ピーナッツ」の周知について ── ピーナッツアレルギーを
持つ方の誤食を防ぐために」というページで周知のためのワードファイルを
公開しています[13])。ここで日本語、漢語の簡体字・繁体字、朝鮮語、英語
の短い文章を掲示しています。

2.3 ストローの今後

　プラスチックによる環境汚染の問題がひろく認知されるようになり、大手の飲食チェーンがストローを提供しないことを決定した例もあります。多くの人にとっては、ストローは必要不可欠とまではいえないものです。そのためストローを提供しないことはそれほど問題にならないかもしれません。しかし、多くの身体障害者にとって、ストローは生活の必需品であり、いつも携帯しているほどに必要なものです。そして、日常的に使うものであるからこそ、きらしていてちょうど手元にないということもあります。それだけの需要があるため、ストローを提供しないと決定した飲食チェーンも、必要な人には提供すると発表しています。申し出をしないとストローが提供されないということが一般的になるなら、指さしで「ストローが必要です」とアピールできるようなしくみが今後は必要になります。もちろん、プラスチックではないストローが普及する可能性もあります。今後、どのような状況になるか、注意が必要です。

3.　交通機関について

　観光のバリアフリーで重要なのは、交通機関のバリアフリー状況に関する情報です。交通機関のバリアフリー状況というのは、世界的にも日本国内でも格差があります。最近は無人化という問題もあります。

3.1 交通バリアフリーの地域差

　大都市の駅には、当然のようにエレベーターが設置されています。しかし、利用客の多くない駅の場合、エレベーターが設置されていません。列車とプラットホームの間の段差や隙間が大きい場合もあります。その場合、車いす使用者は駅員に依頼してスロープをかけてもらう必要があります。スロープは乗車する駅と降車する駅に必要になります。バスでも、大都市ではほとんどのバスがノンステップバスです。バスの往来も頻度が多いです。しかし、大都市でなければバスの運行回数もすくなく、1日に数回しかノンステップバスが走っていない場合もあります。車いす使用者には電話予約を要求するバス会社もあります。

　つまり、バリアフリーに対応していない交通機関を利用する際にはコミュニケーションが必要となるわけです。そこで言語のバリアが問題になります。無人駅という問題もあります。大都市の駅でも、改札が複数ある場合には、マイクとスピーカーで駅員とやりとりすることになります。対面でなければ、コミュニケーションはさらに困難になります。ジェスチャーや指さしなど、視覚を活用したコミュニケーションができません。ほとんどの場合、スピーカーをとおした音声は聞きとりにくいです。マイクとスピーカーの音声では、聞こえない人、聞こえにくい人は駅員とコミュニケーションがとれません。例外的に、鳥取県など一部の自治体では遠隔手話通訳サービスがあります[14]。

3.2　民営化の結果として

　日本では交通機関の民営化がすすみ、大都市では複数の鉄道会社と地方自治体による地下鉄などが混在しています。日本で生活している人にとっては当然のようなことでも、交通機関がほとんど民営化されていない国もあります。日本の交通事情になれていない人にとっては、交通機関が複数の運営主体でバラバラに運行されているという状況は、利用の障害になるかもしれません。東京の交通事情に関していえば、日本で生まれ育った人でも、東京にはあまり縁のない生活をしている人にとっては複雑すぎると感じられます。一方で、東京で使える交通ICカードが使用できない地域もあります。独自の交通ICカードがその地域では使われていて、互換性のない場合があります。民営化の結果として、互換性のない交通ICカードが乱発されているといえます。互換性のある交通ICカードがあり、それが便利だと感じられるなら、何度も来日したいと思えるでしょう。また、いろいろな地域にいきたいと思えるでしょう。

　また、民営化は交通バリアフリーにも悪影響をうみだしています。交通機関のバリアフリー化のためには、プラットホームに転落防止柵を設置することも必要です。日本では、転落防止柵は地方自治体が運営する地下鉄には比較的多く設置されていますが、民営の鉄道会社の対応はおくれています。転落防止柵がないことによって、視覚障害者の転落事故が何度も発生しています。転落防止柵の有無は、生命の危険にかかわることです。転落防止柵の設

置は、重要な社会課題であるといえます。転落防止柵を設置すると同時に、プラットホームと列車の間に段差をつくらないこと、隙間をへらすことが必要です。

3.3 人にやさしい情報システムを

直感的にわかるということが、情報バリアフリーには必要です。音声案内だけでなく、文字情報も提供することが必要です。交通のバリアをさげるためには、体系的に理解できるようにすることが必要です。

たとえば、現在地と目的地、そして交通機関の全体図がわかりやすく表示されていれば、安心して乗車することができます。地下鉄や鉄道などでは、そういった表示が比較的整備されています。一方、市内バスの場合、運転手の座席の裏に路線図が掲示されているだけという場合があります。最近のバスの車両では、5つくらい先までの停留所を画面に表示させている場合もあります。それでも、全体像が表示されないため、なれない乗客は不安になってしまうのです。反対方向のバスにのっているかもしれない、すでにとおりすぎてしまったかもしれない……。それがわからないから、不安になります。そういった不安を解消するしくみが必要です。そこで、交通機関はWi-Fi（ワイファイ）を利用できるようにすることが必要でしょう。また、地図と現在地、そして経路を表示する画面を設置し、乗客が拡大・縮小表示することができるようなしくみがあってもいいでしょう。見通しがたつことが必要です（あべ 2014）。

4. 災害時の対応について

ハリケーンのピクトグラムとは、どんなものでしょうか。日本在住者の多くは、見たことがないのではないでしょうか。英語で "hurricane sign" とウェブを検索してみると、同じような絵がたくさんでてきます。かなり単純化されたマークになっていて、それを見たことのない人にとって、わかりやすいようには思えません。災害は地域ごとに発生しやすいものがあります。海の近くでは津波の心配があります。山の近くでは土砂崩れが心配になります。世界には、地震をほとんど経験したことのない人もいます。

4.1　災害情報はさまざまな回路で発信を

　最近の日本では、大雨・豪雨による災害がたびたび発生しています。台風や豪雪による被害もあります。地震や津波は直前まで予測できないものです。それでも、大雨や台風、豪雪については、すくなくとも前日には天気予報で予告されています。「最大限の警戒を」「命を守る行動をしてください」などと呼びかけられています。その呼びかけをうけて、街頭の多くの店が早めに営業を終了し、「台風の接近により……」といった貼り紙を掲示していることがあります。そういった状況がかもしだす雰囲気から、楽観視していた人が警戒するようになる場合もあるでしょう。とはいえ、「最大限の警戒を」とアピールするような状況においては、その情報を街頭で表示するようなしくみが必要でしょう。予測できていることは、多言語で情報提供することができるはずです。公共性の高い情報は、あらゆる回路を通じて発信する必要があります。そういった情報が事前に伝わっていれば、適切な行動をとることができます。安全なところに早めに移動することもできます。

4.2　すでにある多様な防災対策

　近年、韓国で比較的強い地震が何度か発生しています。韓国には高層マンションがたくさんあります。しかし、地震の対策は、日本ほど徹底されていません。強めの地震が発生することは想定外のことだったのです。だからこそ、韓国では強い地震がおきるたびに、東京都が作成した『東京防災』の冊子がニュースやSNSで紹介されました[15]。『東京防災』は日本語以外にも英語、朝鮮語、漢語版が作成されています。ウェブでもPDFが公開されています。日本の防災対策が、思いがけず国をこえて活用されたということです。

　「多文化防災」ということばがあるように、日本で生活している外国人とともに防災活動をしている地方自治体もあります。その成果として、『東京防災』のような多言語対応の防災冊子が各地にあります。また、災害時のための指さしコミュニケーションボードも作成されています。指さしコミュニケーションボードを救急車に配備している自治体もあります。公共性の高い施設は、その施設の特性にあったコミュニケーションボードを常備しておく必要があるといえます。指さしコミュニケーションボードは、聞こえない

人、聞こえにくい人、声がだせない人、自閉症や知的障害の人、失語症の
人、日本語がわからない人など、さまざまな人が活用することができます。
火事や事故などで一時的に声がだせなくなった人も、コミュニケーション
ボードなら意思表示できる可能性があります。空港などで紙に印刷したもの
を配布するとか、ラミネートしたものを販売するのもいいかもしれません。
結局のところは、すでにあるもの（無料で公開されているもの）があまり知
られていないことに課題があるといえます。対策は、すでにとられているの
です。「コミュニケーションボード」でウェブを検索してみてください。画
像を検索してみると、たくさんでてきます。

　防災に関しては、国もさまざまなとりくみをしています。たとえば、国土
交通省観光庁は、「災害時における訪日外国人旅行者への情報提供のあり方
に関する WG（訪日外国人旅行者の受入環境整備に関する検討会）」におい
て、「提言」や調査結果を公開しています（国土交通省観光庁 2015）。総務
省は災害時の情報保障のために「情報難民ゼロプロジェクト」を実施してい
ます[16]。

　こうした動向と最近の災害での状況を検証し、とるべき対策について議論
していく必要があります。

5.　おわりに

　観光とは、非日常をたのしむものです。非日常だからこそ、常識が通じな
いことがあります。思いがけないトラブルもおきます。そうして、たのしい
非日常が不安にかわってしまいます。安心できなければ、観光したいとは思
えないでしょう。観光と言語、観光とバリアフリーという問題は、海外から
の旅行者だけのことではありません。日本で生活している人が日本のどこか
に旅行するということにも、情報やバリアフリーの面で不安があります。バ
リアフリーに対応したホテルがあるかどうか。飛行機にのれるかどうか。飲
食店のアレルギー対応は、どれだけ徹底されているのか。飲食店側の不十分
な認識によって、アレルギー物質を口にすることにならないか。交通機関の
乗り換えがきちんとできるかどうか。電話以外の連絡方法があるか。筆談に
きちんと対応してもらえるか。さまざまなことについて、不安があるので

す。そうした不安は、災害の発生によって現実化することもあります。災害の発生によって、移動を余儀なくされることもあります。ふだん接しない人とコミュニケーションをとることになります。その意味で、観光対策と災害対策は共通する面があるといえます。「非日常」を不安にさせないために、社会的なとりくみが必要です。少数言語の話者、健康上・身体上の理由から特定の情報が必要な人、移動や情報にバリアがある人などが、社会のなかで安心して生活できる日常を保障することが、観光客の安心や安全、災害時の安心や安全につながるのです。

　そのため、観光に関することは、ビジネスやコストの視点からだけ論じられてはならないのです。公共性という視点から、保障していくべきことを議論し、実現していくことが必要です。それは、言語権、情報に関する権利、移動権など、さまざまな人権を保障するということです。だからこそ、機械化による無人化や機械翻訳の乱用については、注意する必要があります。

　たとえば、最近は音声認識を活用した機械翻訳が人気のようです。音声認識は、よどみなく、はっきりと発声できる人にとっては、じゅうぶんに活用できるものです。しかし、その言語の地域バリエーションにどれだけ対応できているかという問題があります。また、一定の量のフレーズを機械に聞かせるということに、なれていない人もいます。発声することに障害のある人もいます。音声認識は、だれでも活用できるというものではありません。また、重要なことを機械翻訳にまかせていいのかという問題もあります。

　また、たとえば医療観光（医療を目的とした観光客をよびこむこと）はビジネスの視点で推進され、そのための整備として医療通訳が必要だとされています。しかし、そもそも、医療に関する権利として、医療通訳を保障することが社会の課題としてあることをうったえていく必要があります。日本の公共と社会をといなおす視点のひとつとして、観光を位置づける必要があります。

　以上、本章では概論的に「観光と言語のバリアフリー」に必要なことを整理しました。これまでじっさいに議論され、実践されていることについての具体的な検証作業が必要です。その検証作業には、当事者の参画が必要不可欠です。たくさんの人たちから意見をあつめる必要があります。

[注]

下記ウェブサイトはすべて 2020 年 3 月 24 日閲覧。

1) 東京都福祉保健財団「とうきょうユニバーサルデザインナビ」<http://www.udnavi. tokyo>

2) PIJIN「QR トランスレータ」<https://jp.qrtranslator.com>

3) PIJIN「QR トランスレータとは」<https://jp.qrtranslator.com/qrt/>

4) NOK 株式会社 NB 企画部「多言語おもてなしタグ」<http://nok-nfc.com>

5) マーベリックス「多言語おもてなし.com」<http://www.tagengo-omotenashi.com>

6) 日本視覚障がい情報普及支援協会「日本視覚障がい情報普及支援協会」<https:// www.javis.jp>

7) アレルギーっ子の旅する情報サイト CAT「アレルギーっ子の旅する情報局 CAT」<https://usapen.info>

8) エクスポート・ジャパン「ハラル＆アレルギーカード」<https://www.export-japan.co. jp/blog/halalcard-for-jica/>

9) 京都府「食物アレルギーの子　京都おこしやす事業」<http://www.pref.kyoto.jp/kentai/ kyoto-okosiyasu-jigyou.html>

10) 東京都福祉保健局「飲食店向け食物アレルギー対策に関するリーフレットを作成しました」<http://www.fukushihoken.metro.tokyo.jp/shokuhin/allergy/leaflet.html>

11) PR TIMES「外国人観光客へそばアレルギーの認知を拡大！アレルギー・チェックが日本の楽しいお土産体験に！ジャパニーズタトゥー風そばアレルギー・チェッカー」<https://prtimes.jp/main/html/rd/p/000000001.000018208.html>

12) 沖縄県「「ジーマーミ」は「落花生（ピーナッツ）」です！」<https://www.pref. okinawa.jp/site/hoken/seikatsueisei/20160614.html>

13) OCVB「「ジーマーミ」＝「ピーナッツ」の周知について ── ピーナッツアレルギーを持つ方の誤食を防ぐために」<https://www.ocvb.or.jp/topics/1105>

14) 鳥取県「遠隔手話通訳サービス、電話リレーサービスモデル事業」<https://www. pref.tottori.lg.jp/239848.htm>

15) 「도쿄방재」(東京防災) でウェブを検索すると、その状況が確認できます。

16) 総務省「情報難民ゼロプロジェクト」<http://www.soumu.go.jp/menu_seisaku/kokumin/ jyohonanminzero/>

参考文献

あべ・やすし (2014)「情報のユニバーサルデザイン」佐々木倫子（ささき・みちこ）（編）『マイノリティの社会参加 ── 障害者と多様なリテラシー』くろしお出版, pp. 156-179.

あべ・やすし (2015)『ことばのバリアフリー ── 情報保障とコミュニケーションの障

害学』生活書院

あべ・やすし (2019)「ことばのバリアフリーからみたピクトグラムと〈やさしい日本
　　語〉」庵功雄（いおり・いさお）ほか（編）『多文化共生と〈やさしい日本語〉』コ
　　コ出版，pp. 193-209.

岩宮眞一郎（いわみや・しんいちろう）(2012)『サイン音の科学 ── メッセージを伝え
　　る音のデザイン論』コロナ社

河村宏（かわむら・ひろし）(2017)「緊急時の情報（アクセシビリティ）」『出版ニュー
　　ス』7 月下旬号，p. 14.

河村宏 (2018)「世界観光機関（アクセシビリティ）」『出版ニュース』1 月下旬号，
　　p. 20.

国土交通省観光庁 (2015)「災害時における訪日外国人旅行者への情報提供のあり方に
　　関する WG（訪日外国人旅行者の受入環境整備に関する検討会）」<http://www.mlit.
　　go.jp/kankocho/page08_000070.html> (2020 年 3 月 24 日閲覧)

日本騒音制御工学会（編）(2015)『バリアフリーと音』技報堂出版

野田美紀（のだ・みき）(2018)「駅における表示のあり方に関する考察 ── 言語サービ
　　スとしての多言語表示の今とこれから」『社会言語学』18, 39-64.

山岸順一（やまぎし・じゅんいち）ほか (2015)『おしゃべりなコンピュータ ── 音声
　　合成技術の現在と未来』丸善出版

山城完治（やましろ・かんじ）(2009)「視覚障害者にとっての言語景観 ── 東京山手線
　　の点字調査から」庄司博史（しょうじ・ひろし）ほか（編）『日本の言語景観』三
　　元社，pp. 171-186.

雑誌特集

『月刊自動認識』2018 年 6 月号「特集　おもてなし・ツーリズムの進化」

『自治体国際化フォーラム』2017 年 6 月号「特集　災害時における外国人支援」

『自治体国際化フォーラム』2019 年 9 月号「特集　災害時の外国人住民・訪日旅行者
　　支援 ── 2018 年に発生した災害から学ぶ」

『ノーマライゼーション』2012 年 9 月号「特集　バリアフリー観光」

第**10**章

海外における
観光教育と言語

高 民定・藤井久美子・山川和彦

　近年、実践的な観光教育を行う専門学校に加えて、観光学部や観光学科など観光学を学ぶ大学が増え、さらに大学院も開設されています。また、高校の社会科でも観光が取り上げられます。在留資格条件の改定による外国人材の宿泊業への就職など、観光における人材育成は今後の重要課題となるでしょう。その一方で、観光分野における言語教育は、これからの課題である感があります。そこでこの章では、韓国、台湾での教育事例、そしてドイツにおける観光ドイツ語教材を取り上げながら、観光と言語教育の問題域を考えていきます。

1. はじめに

　旅行というと海外旅行というイメージがあるからか、「旅行＝英語ができる」という固定観念が長らく続いてきたような気がします。6章で触れた観光に関する資格制度でも、英語力が前提とされてきました。2000年以後、訪日外国人旅行者が増加してくると、都市圏だけでなく農山村でも外国人との接点が増えてきました。外国人接遇マニュアルが作成され、接遇場面で使用する会話表現が掲載されています。当座必要な表現をそのまま覚えようという発想です。語学講座を開設した地域もあります。このような接遇に対する応急的対処がなされる一方で、観光学を学ぶ大学、外国人に日本語と接遇を教える専門学校が増えてきています[1]。

　では、国外ではどのような状況なのでしょうか。この章では、日本と観光交流がさかんな韓国、台湾での観光言語教育、とくに日本語に焦点を当てて取り上げます。そしてヨーロッパの事例として、観光業に従事する外国人用のドイツ語教材を取り上げます。これはすでに始まっている外国人の宿泊業での就労における日本語教育とも関連してくる話題です。

2. 韓国・済州道における観光と外国語教育支援

2.1 地域住民も視野に入れた観光政策

　将来の観光産業の成否は、質の良い観光商品の提供とともに、観光客のさまざまなニーズに対応できる観光人材をいかに育てるかにかかっていると言われています。また観光人材は観光知識と外国語という二つの専門能力を備えた人物であり、そうした人材は体系的な専門教育や訓練を通して育てられることは言うまでもありません。しかし、近年世界のグローバル化により、人々の移動が頻繁になるにつれ、観光という行動も日常化しつつあります。観光行動の日常化は、観光に関わる対象を一部の観光従事者に限らず、一般の人々にまで広げています。つまり、地域を訪れる観光客が増えれば、観光従事者だけではなく、一般の地域住民も観光客と交流する機会が増え、それによって彼らも一次的または常時に観光行動に関わる当事者になりえることです。とくに、観光客が多く訪れる地域においては、一般の地域住民も観光

従事者の予備軍として捉えられ、彼らに向けた教育支援も日常化する必要があるという指摘もあります（イ 2017）。

　韓国を代表する観光地の一つと言われている済州道[2]も同様のニーズがあり、道はこうしたニーズに応えるための観光政策と外国語教育支援を、他地域よりもいち早く打ち出しています。観光従事者や道民全体に向けた観光関連の講座や、外国語教育支援の取り組みがその一つの例です。次節では、済州道において観光従事者や一般の住民を対象に行っている外国語教育支援の事例を紹介し、観光地での外国語教育支援の意義や課題を考えます。また将来の観光人材の育成という観点から、その教育の重要な担い手となる観光関連の大学の現状を紹介します。なかでも済州道の大学における観光日本語教育の取り組みを取り上げ、観光地の教育機関においての外国語教育の課題について考えます。

2.2　訪韓外国人観光客の状況と済州道における外国語教育支援の取り組み

　韓国観光公社が毎年公表する統計調査[3]によると、2018 年現在、韓国を訪れた外国人は 1,534 万 6,879 名で、前年度より 15.1% 増加しています。国別に見ると、中国（478 万 9,512 名）が一番多く、次に日本（294 万 8,527 名）、台湾、アメリカの順になっています。また訪韓外国人観光客が一番多く訪れる地域はソウル（79.4%）で、その次が京畿、江原、済州の順になっています。なかでも済州道は、2012 年以降から 2016 年にかけては中国人観光客が年間 200 万人を超え、ソウルに続く 2 番目に外国人観光客が多く訪れる地域となったときもあります。済州道における外国人観光客の増加の要因には、無査証入国許可の拡大や、観光客誘致のためのさまざまな規制緩和の政策などがあげられています（新井 2013）。また、多言語表示の整備や拡大、翻訳アプリの開発、外国語教育支援の拡大などにより、全体として言語的接遇の質や量が上がったことも要因としてあげられています（高・藤田 2017）。

写真 1　済州道の城山日出峰

　済州道において観光政策が本格化したのは、2002 年「済州国際自由都市特別法」の制定により、2006 年以降「済州特別自治道」が発足され、それを受け、観光関連法が済州道に移譲されてからです。以来、国際観光地として、また外国語教育都市として「観光」と「外国語」に関連する政策をさまざまなレベルで実施するようになりました。その一例として、観光従事者や外国語学習を必要とする一般住民を対象に、民間や大学教育機関への委託を通して外国語教育支援を行っていることです。なかでも中国人観光客が急増したことを受け、道は観光従事者や一般住民を対象にした中国語の教育支援を増やしました。2014 年と 2015 年にかけては、済州市と西帰浦市の二つの市において「中国語体験学習館」を設置し、観光従事者をはじめ、一般住民も広く、また体系的に中国語教育が受けられるように支援を行っています。もちろん、その他の外国語に対しても道が運営する「外国語学習センター」を中心に教育支援が行われています。また「済州観光公社」においても、観光通訳士や専門家の養成のための講座を無料で提供しています。さらに、地域のケーブル TV やオンラインを使って観光外国語講座を無料で受けられるような取り組みもなされています。その支援の内容や形式も「オーダーメイド型アカデミ講座」や「訪問外国語教室」など、観光従事者の状況やニーズに合わせて多様化しています。

　とくに注目したいところは、済州道において外国語教育を捉える視点や位置づけが他の地域と異なっている点です。それは、外国語能力を単なる観光業のための手段としてみるだけではなく、地域住民と外国人観光客、または他地域から移住してくる多様な背景をもつ人々との交流のために、住民が生涯にわたって身につけていかなければならないものとして捉えているところです。言い換えると、外国語教育を住民の生涯教育の一環として位置づけていることにより、観光地としての外国語教育のあり方を考え、施策に反映していることです。それは済州道の外国語教育支援を運営・管理する部署が、道民の生涯教育を主管する「済州生涯教育奨学振興院」となっている一例からもうかがうことができます。

　一方で、道のこうした教育支援は課題もいろいろ残しています。教育支援を続けるための安定した予算の確保の問題や、提供する外国語支援の量的バランスの問題、また単なるコミュニケーションのためだけではなく、「観光

意識」や「異文化理解」に基づく外国語教育支援でなければならないという
課題も指摘されています（高・藤田 2017）。観光行動の本来の目的が人々と
の交流にあることを考えると、「観光意識」や「異文化理解」に基づく教育
は重要な課題であり、その実践に向けた考察が早急に求められています。

写真 2　済州道住民向けの外国語教室

2.3　済州道の大学における「観光日本語」教育の取り組み

　地域の高等教育機関は、その地域の産業に貢献できる教育を提供すること
を一つの教育目的として掲げています。またその目的に向かっていくことに
より大学側も競争力を備えることができると考えられています。韓国もこれ
まで大学が中心となり、観光産業を支えるための人材育成を積極的に行って
きました。それは「観光関連」の専門学部や学科を設置している大学（2 年
生大学を含む）が 74 校もあることからも裏付けられます[4]。そのうち、「観
光日本語学科」、「日本語通訳科」、「観光日語通訳科」、「日語通訳科」など、
観光と日本語を専門とする学科も全国で 30 校近くあります。これに人文学
部や外国語学部の「日本語」関連学科において副専攻や関連科目として開講
されている講座も含めると、その数はさらに増えると考えられます。韓国の
観光業における日本語の需要は、近年始まったものではありません。90 年
代から持続的にあったもので、年によって訪韓人数に多少変動はあるもの
の、日本からの年間訪韓者は約 300 万人近くあり、依然として観光分野に
おける日本語の需要は高いと言えます。

　済州道においても国立大学に「観光経営学科」があるほか、観光分野に特
化した短期大学や外国語学部で「観光日本語学科」が設置されている大学も

あります。そこでは、「観光日本語」という観光サービスを提供するのに必要な日本語、すなわち、観光業務全般や日本人観光客の多様なニーズに対応できる日本語力を教えることを教育の目標にしています（カン 2000）。実際、地元の大学に設置されている教育課程を見ると、共通の課程として、地域社会を理解するための科目をはじめ、観光知識やサービスのための実務実践、ホテルでの日本語会話をはじめ、観光業務に関連する日本語会話などの科目が開講されています。また一部の大学においては、観光場面で必要な日本語の会話をより効果的に教えるために、実際の観光場面を観察・分析し、それを教材として使用するところもあります。その際、観光会話だけではなく、観光客との間でコミュニケーション問題が生じたときにその調整のために必要な観光サービス・ストラテジーやコミュニケーション・ストラテジーについても教えられています（キム 2005）[5]。しかし、こうした大学による「観光日本語力」のための試みはまだ広く共有されておらず、個別の試みに留まっています。今後、観光人材育成における大学の貢献や役割を考えていくには、こうした教育方法の共有や有効な教授法開発のための共同研究は欠かせないと言えます。

　以上の済州道の事例からは、観光地における観光と外国語教育のあり方、またそこに関わる当事者として、行政と、地域住民、教育を担当する地元の大学側がそれぞれどのような位置づけと役割をもち、観光行動に参加しているかを把握するためのヒントが得られます。とくに、観光産業を主力とする日本の地方において示唆する点が多く、今後実践的な議論が求められます。

3.　台湾・東呉大学におけるインターンシップの事例紹介[6]

3.1　台湾における観光教育

　本節では、日本語教育を行う学科・専攻について述べ、観光教育とのつながりを探ります。まず、台湾の高等教育における役割分担について一言触れておきたいと思います。台湾の大学には、伝統的な総合大学と科学技術大学の2種類があります。台湾の大学で行われる日本語教育は、大学の種類に従って大別すると、日本語文学科と応用日本語学科で行われます。総合大学にあるのが日本語文学科で、最初に設置されたのは1963年でした[7]。その

後、経済的な結びつきが深まり、さらには、台湾社会の変化に伴い、1990
年代に入って、実用的な日本語教育を重視する応用日本語学科ができまし
た。両者の最も大きな違いは、学習対象となる日本語が、広く用いられる一
般的な日本語なのか、あるいは、ビジネス場面に重きを置いた日本語なのか
という点です。日本語文学科では、文学作品の講読などもカリキュラムに含
まれますが、応用日本語学科では、成立の経緯から、就職に直結して即戦力
となる人材育成のための教育を行ってきました。

　しかし近年、こうした役割分担にも変化が生じてきています。総合大学で
も、社会的要請から、就職のための日本語学習という部分が大きくなってき
ました。台湾の教育部の方針では、学生が海外へ行ってインターンシップを
するように力を入れています。科学技術大学の場合、インターンシップは必
修科目ですので、学生は国内か海外へ行って実習するのが普通です。近年
は、教育部の方針に従い、総合大学の学生もインターンシップに取り組むよ
うになってきました。

　東呉大学の日本語学科の場合、台湾内でも日本でも実習生の受け入れが多
いのはホテル業界です。台湾と日本の観光面での結びつきがなければ観光客
の行き来も少なくなり、業者にはインターンシップのニーズもなくなりま
す。しかし、2019 年のデータで、台湾から日本への観光客は 500 万人近く、
日本から台湾への観光客は 200 万人を超えました。また、中国語圏から日
本を訪れる観光客も多くいますので、中国語と日本語の両方が使える台湾人
の実習生のニーズは継続的にあります。東京オリンピックや大阪万博など将
来に向けて、インターンシップの学生だけではなく、正社員としての雇用も
多く生まれています。

　このように、観光分野について言えば、台湾では日本語ができる人材に対
して大きな需要があります。従来は、台湾に来る日本人観光客の対応のため
に日本語のできる人材が必要でした。しかし現在は、これに加えて、日本に
来る台湾人・中国人などの対応ができる人材として、日本のホテルなど観光
業界で働く台湾人が増えています。近年見られる大きな変化です。

3.2　東呉大学の場合

　東呉大学は総合大学に区分され、日本語文学科（以下、「日本語学科」と

表記）の設置は 1972 年です。日本語学科の場合、学生の就職はやはりサービス業が一番多く、そのニーズに応えて、カリキュラムにも変化が見られます。観光学そのものに関する科目はありませんが、観光実務を学ぶことができる集中講義からなるコースもできました。2018 年からは正式の授業以外にも、観光業のガイド・添乗員になる人のための 32 時間授業が開講されています。日本語学科の場合、会話のクラスはもちろん、ビジネス日本語の授業でも、観光関連場面での日本語を教えています。東呉大学日本語学科では、インターンシップに参加する学生は 2 年生か 3 年生が多いため、日本語学習期間は 2 年または 3 年間ということになります。インターンシップで使用する日本語に特化した授業はなく、学生はそれまで学習した日本語を生かしてインターンシップに参加するのが普通です。日常の会話は問題ありませんが、接客用語など専門的な日本語に関しては、さらなる学習を要することが一般的です。

　東呉大学日本語学科においては、観光業界でのインターンシップを重視しています。台湾内でのインターンシップは 2015 年に始めました。台湾では大手企業は台北に集中していますので、ほとんどは台北市内での実習になりますが、中には台湾東部、南部のリゾートホテルで実習する学生もいます。参加のための条件は人材派遣業者によって異なり、日本語能力試験 N2 以上の資格が必要な場合もありますが、まったく制限がないという業者もいます。

　一方、海外での実習は 2016 年から始めました。これ以前は人材派遣業者を経由して、アルバイトという形で日本へ行って実習をしていました。最初は参加人数が少なく、年に 10 名程度でしたが、毎年増加して、2019 年には日本語学科からは 50 名以上が海外でのインターンシップに参加しています。行き先としてはほとんどが日本で、中国に行く学生が数名です。日本でのインターンシップ先の多くはホテル業ですが、最初に契約したのは 2016 年の広島にあるホテルでした。当時、このホテルは台湾に来て、インターンシップの学生を選ぶ面接をしていました。毎年 5 名ほどの実習生を採用し、実習が終わると、毎年 1 名の正社員を採用しています。2019 年には正社員として 5 名が採用されました。その後は盛岡のホテルでも実習が始まりました。また、人材派遣業者の紹介で、北は北海道ニセコから、盛岡、福島、

鬼怒川、熱海、河口湖、西浦、広島、大分、由布院まで、夏休みのサマージョブのビザで実習をしています。実習が終わると正社員として採用する会社もあり、日本でのインターンシップの経験は実際の就職に有利だと言われています。

4.　観光人材育成のためのドイツ語教育[8]

「ドイツ人は旅行好き、ドイツ人を追っかけていけば次にはやる旅行地がわかる」と、タイの新しいリゾート地にあるホテルのマネージャーから聞いたことがあります。開拓者として旅をしているかどうかは別として、ドイツだけでなくヨーロッパでは、長期の旅行をするのが年中行事になっているようです。したがって観光地では、ドイツ語ができることが仕事に結びつくとも言えます。また、ドイツ国内でも外国人がホテルなど観光関連業種に就労しています。そもそもドイツでは、外国人に対するドイツ語教育[9]も研究と実践が進んでいます。ここで紹介するのは、ドイツ語教育の中でも代表的な教材を作成する出版社の観光ドイツ語教材です。日本でも宿泊業において外国人の受け入れが進展しつつありますが、そのような外国人に日本語を教える場合を想定すると、ここで取り上げる事例が身近なものとなると思われます。

　取り上げる教材は、Hueber 社が刊行している *Menschen im Beruf Tourismus*（職につく人々――観光）という教材で、ヨーロッパ共通に用いられている言語能力基準 CEFR で A1 レベルの教材です。この後に続く A2 レベルの教科書も刊行されています。この教材は、ドイツ語を話す宿泊者の対応を想定して作成されています。場所としては、ドイツ国内のホテルでのやりとりが想定されていると言えます。次に A1 レベルの教材は、最初の導入を除くと4 課からなり、1 課あたり 16 ページ、4 場面、語彙のまとめ、練習から成り立っています。表 1 は A1 レベル用の教材の構成と表現例です。

表1　ツーリズム（ドイツ語教材）の内容

章のタイトル／場面（和訳）	代表的な表現（和訳）
導入 **こんにちは、私は〜** 　自己紹介（名前・出身・職業） 　挨拶	・お名前は？ ・出身は？ ・お仕事は？
1課 **いらっしゃいませ** 　チェックイン・フロントでの会話 　宿泊カード記入 　滞在日数の確認・鍵の引き渡し 　予約依頼メールの理解 　ホテルに対する宿泊者評価を読む	・道中はいかがでしたか ・こちらに記入してください ・2泊宿泊ですね ・部屋は○○です。これが鍵です。 ・申し訳ありません、ツインは満室です。
2課 **朝食付きの部屋** 　部屋への案内 　（電車の）時刻 　朝食のオーダー 　ルームサービス	・ここがお部屋です ・（〜行きは）12:05です ・何を飲みますか ・（電話で）ルームサービス担当です。 ・いかがいたしますか
3課 **敬具** 　フロントとの電話 　予約依頼メールへの返信 　ホームページの理解 　ホテルブログの読解	・申し訳ありません、ゆっくり話してください。 ・朝食付きで一人○○ユーロです。 ・（文章で）問い合わせありがとうございます。
4課 **問題ありません** 　レストランの予約 　部屋のトラブル対応 　ホテルのサービス・施設 　ホテル内での宿泊者と想定される会話	・私はレストラン○○をお勧めします。 ・すぐに技師を行かせます。 ・こちらは禁煙です ・このホテルは気に入りましたか。

　教材は写真やイラストが取り入れられ、聞き取り課題も多くあります。そしてこの教材では文法の解説が極めて少なく、その一方で実践的な表現が多いことが特徴です。第3課以後は文章の読解が導入されていることも特徴として指摘できます。日本人の語学学習というと、基礎から一つずつ積み上げていく方法に慣れているかもしれませんが、ドイツの教材は比較的実践的で、とくにこの教材は学習目的がはっきりしているため、より実践的な表現の習得にフォーカスが置かれており、文法的な解説は避けていると言えま

す。いわゆるタスクベースの教育方法が見て取れます。ただ、本教材のまえがきには、一般的な語学教材と組み合わせることで、専門的な語学能力が習得されると記載されています。この教材を活用することで、ドイツ語を母語としない学習者がどれだけドイツのホテルなどで業務を遂行できるかは不明ですが、日本において宿泊業に従事する外国人の教材を編集していく上で参考になることも多くありそうです。

5.　おわりに

　観光庁の政策の一つに観光人材の育成と活用があげられ、その中で「地域の観光産業を担う中核人材育成講座」が全国 13 大学において実施されています[10]。ただ、公開されているプログラム内容を見る限りにおいては、地域創生や観光経営的なものが主で、言語運用能力や言語政策に関連する事項は重要視されているようには見えません。一方、2020 年以後導入される学習指導要領の中では、社会科地理分野の中に観光に関連する内容が書かれています。

　観光立国、いや「観光先進国」という表現が使われるようになる一方で、外国人材の活用、言語の壁をなくす自動翻訳装置の使用が一般化されつつあります。日本の「観光言語」教育はいかなる方向に進むべきなのでしょうか。まだ明確な答えが出ていないように見受けられます。

　この章では、海外における観光人材育成と言語の問題を取り上げてきました。韓国・済州道での外国語教育は、制度的に参考にするべき点があると思います。また、台湾の大学でのインターンシップは、異なる社会制度の中で就労し、異文化を有する人々と共生するために、現場での実践経験が重要であることを物語っていると言えます。そして観光ドイツ語教材は、即戦力のための外国語教育のあり方を示していると言えます。外国人観光客の中には英語が外国語である人も多くいます。「第二外国語」として学んでいる外国語を、文法規則の習得を中心とするような「忍耐の外国語」から解放し、街中ですぐに使える外国語教育に切り替えるのも一つの手だと思います。

　また、2019 年 4 月には入管法が改正されました。今後は、特定技能の在留資格で外国人が観光業へ就労することが予想されます。日本語能力試験

N4 程度で入国する彼らの就労と日本語学習の継続をどのように行うべきなのでしょうか。これらのテーマは、観光業界においても言語教育あるいは言語政策に関する専門的な能力を有する人材の輩出が重要であることを示しています。

分担　2節：高 民定、3節：藤井久美子、その他：山川和彦

[注]

1) 2001 年、現 JTB トラベル＆ホテルカレッジが留学生の受け入れを開始しました。また、2013 年、NIPPON おもてなし専門学校（群馬県）が設立されました。
2) 本章では、行政区画として「済州特別自治道」の名称の略称として使用します。済州道は韓国のハワイと言われ、韓国の中では冬でも温暖な気候で、カジノもあり、日本、中国から直行便があります。
3) 韓国観光公社「2018 年外来観光客実態調査」<http://kto.visitkorea.or.kr/viewer/view.kto?id=61615&type=bd>（2020 年 3 月 23 日閲覧）
4) これは、2020 年現在、韓国の教育部（日本の文部科学省にあたる）の Web サイトで「観光学科」がある全国の大学を検索すると出てくる数です。詳細は以下の韓国教育部の Web サイトを参照。<https://www.academyinfo.go.kr/index.do#none>（2020 年 3 月 23 日閲覧）
5) キム（2005）は、観光日本語の授業では、サービスにおいてコミュニケーションのミスを最小限にするための指導と、また問題が起きてからも円滑に対応できるよう観光サービス・ストラテジーとコミュニケーション・ストラテジーの習得も必要であり、その指導を教室活動などで取り入れることが重要であると指摘しています。
6) この節は東呉大学日本語文学科・蘇克保主任（当時）から情報提供を受けました。
7) ただし、1963 年の設置当時は日本語の使用が制限されていたため、学科名としては「東方語文学科」が用いられていました。
8) JNTO によれば、ドイツは世界 8 位（2018 年）です。JNTO「世界各国・地域への外国人訪問者数ランキング」<https://www.jnto.go.jp/jpn/statistics/visitor_statistics.html>（2020 年 3 月 23 日閲覧）
9) Deutsch als Fremdsprache（外国語としてのドイツ語）という概念で教育が行われています。
10) 宿泊業など地域の観光産業の経営力強化や生産性向上を目指す社会人向け講座。観光庁「地域の観光産業を担う中核人材育成講座について」<http://www.mlit.go.jp/kankocho/shisaku/jinzai/ikusei-kouza.html>（2020 年 3 月 23 日閲覧）

参考文献

新井直樹 (2013)「韓国・済州特別自治道の国際観光戦略」『都市政策研究』14, 39-49.

高民定・藤田依久子 (2017)「観光地における言語的接遇と言語管理の実態 ── 石垣島での予備調査と済州島における事例調査を通して」『千葉大学人文社会科学研究』34, 15-32.

강대훈 (カンデフン) (2000)「관광관련학과의 관광일본어 교육개선에 관한 연구 (観光関連学科の観光日本語の教育改善に関する研究)」『관광경영학연구 (観光経営学研究)』10, 5-23.

김은희 (キムウンヒ) (2005)「효과적인 관광일본어 수업의 실제 (効果的な観光日本語授業の実際)」『일본어학연구 (日本語学研究)』14, 33-49.

이효선 (イヒョソン) (2017)「호텔관광일본어전공 졸업생의 직무수행능력 및 교육과정 요구에 관한 연구 (ホテル観光日本語専攻卒業生の職務遂行能力および教育課程の要求に関する研究)」『일본어교육 (日本語教育)』90, 19-31.

Schümann, A., Schurig, C., Schaefer, B., & Werff, F. van der (2016) *Mensch im Beruf Tourismus A1.* München, Deutschland: Hueber Verlag.

Column ④

学生の地域活動と観光

村田和代

▲英語観光マップ

▲指差し会話板

龍谷大学政策学部は、2011年開設当初より地域連携型学習（community based learning）に取り組んでいます。その一環として村田和代ゼミでは、2017年度より京都府八幡市と連携し、大学地域連携によるインバウンド対応事業を学生主体で進めています。以下に、3年間の取り組みを紹介します。

▶ 英語観光マップの作成からインバウンド観光のツアー開発まで

2017年度は、八幡市役所商工観光課から現状について話をうかがったり、八幡市のことを調べたり、まち歩きをしたりすることからスタートしました。そして、学生たちがデザインしたインバウンド観光客へのお勧めウォーキングルート、サイクリングルートを巡るモニターツアーを実施し、参加留学生のコメントを八幡市にフィードバックしました。加えて、これらの推奨ルートを入れた英語観光マップを作成しました。また、外国語によるPRもほとんど行われていなかった状況を受けて、インスタグラム（kyoto_yawastagram）を開設し、ゼミ生たちは英語で、モニターツアー参加留学生は母語で発信し、SNSでのPRの開始をサポートしました。

2018年度は、インバウンド受け入れ環境整備に焦点を置いて活動を進めました。京都市主要観光地の言語景観を調査し、八幡市の言語景観の提案レポートの作成を行いました。この提案は、八幡市駅前に、地図と英語による説明が印刷された案内板を設置することの後押しにもなりました。続いて、八幡市内の観光施設や関連施設に受け入れ環境整備に関する聞き取り調査（インバウンド観光客受け入れで困っていること）を行いました。もっとも多かったのが、言語を通したコミュニケーション（レンタサイクルの使い方、体調が悪くなったときの対応、駅までのアクセス等）であり、これらに対応するために「指差し

会話板」(簡・繁体字、ハングル、英語) を作成しました。外国語による PR については、インスタグラムの継続更新に加えて、Web サイト「ご当地キティと巡る旅 (A trip around the GOTOCHI KITTY)」に、日本語・英語・中国語で八幡市を紹介しました。さらに、2017 年度に作成した英語マップを用いて、留学生だけで観光してもらうモニターツアーを実施し、英語マップの効果を検証しました。

　これまでの調査で、八幡市を訪問する外国人観光客の現状として、アジアからの訪問者が多い、日本へのリピーターが多いということがわかりました。そして、外国語を使ったコミュニケーションが受け入れ側のハードルとなっていることもわかりました。そこで、2019 年度は、受け入れ環境整備に関して、とくに受け入れ側の「ひと」に着目し、外国語によるコミュニケーションのハードルを下げる活動に取り組みました。具体的には、八幡市の観光にかかわる方々に向けて、「やさしい日本語」ワークショップの開発・実施を行いました。加えて、八幡市観光では「こと」消費を目指すことがふさわしいという結論に至り、留学生の協力のもと、体験モニターツアー (稲刈りと農家見学) を実施しました。3 年間のモニターツアーを踏まえて、八幡市として今後のインバウンド観光のツアー開発につなげていただく予定です。

▶ 学生主体で地域への貢献

　インバウンド政策、観光コミュニケーション、言語景観等について机上で学ぶことは可能ですが、実際の活動を通した学びは、知識の定着や応用に欠かせません。地域とのやりとりや事業の振興は担当教員に負担がかかることは否定できませんが、自主性や積極性等、地域活動を通した学生たちの成長は大きいです。また、実際のインバウンド推進にかかわる活動を通して、地域の方々に喜んでいただいたり、ゼミ生の活動が地域のインバウンド政策や施策につながったときには、学生たちの (教員にとっても) やりがいにつながります。社会につながる学びを通した地域への貢献は、これからの大学に求められる役割だと考えて活動を続けています。

第 **3** 部

観光言語の将来

▶ 皆さんが旅行した際に印象に残っている言葉や語りはありますか。
　 どうして印象に残っているのですか。
▶ 本書ではさまざまな観光言語の課題を投げかけてきました。日本で
　 就労する外国人が増加する中で、観光客に対する言語対応は今後ど
　 のようにしていくべきなのでしょうか。

第 **11** 章［対談］

観光資源としての言語

奄美から「戦争の記憶」まで

橋内 武

聞き手：山川和彦

橋内 武（はしうち・たけし）

1944 年東京生まれ。ノートルダム清心
女子大学教授、桃山学院大学教授を経て、
桃山学院大学名誉教授。専門は、応用言
語学・社会言語学・言語政策・法と言語。
単著に『パラグラフ・ライティング入
門』、『ディスコース』、共著に『EU の言
語教育政策』、『法と言語』、『国際的にみた
外国語教員の養成』などがある。近年の
関心は、ヘイトスピーチ、ハンセン病問
題、日本語学校論。旅行好きで、これま
でに世界 53 の国と地域を訪ねた。

旅する人の視点から

山川：観光と言語の本を出版しようという話が始まってから、私は無意識の
うちに訪日外国人対応の話題に傾斜してきていたようです。先生には観光
に関するコラムを 3 つ書いていただきましたが、それらを読んでいるう
ちに、観光に行く人の視点、つまり旅する人の視点から「観光と言語」を
考えることが抜けていたように思えてきました。先生には日本言語政策学
会でお目にかかるたびに、マルタ滞在や海外ハイキングなどの楽しいお話
を伺ってきました。今日は先生の旅行経験から言語に関連するところを存
分に語っていただきたいと思います。

橋内：まずは、コラムに書いた奄美の話から始めましょうか。私は 10 代の
末から 15 回ほど奄美に行っています。初めて行ったのは 1963 年の夏で、
シマグチ（奄美の伝統的な方言）がまったく分からなかった。これは好奇
心を誘いましたね。まあ、目的は観光ではなく、大学 2 年の夏、聖歌隊
の一員として、沖縄と奄美を訪ねたのです。そのとき、奄美でシマウタ
（島唄）を初めて聞いたのですが、裏声を響かせる歌唱法に驚きました。
学校音楽では裏声は使ってはいけなかったから、シマグチだけでなく、シ
マの唄遊びにも惹かれたのです。日本の中の異言語・異文化。「奄美」を
まったく知らなかったことに恥じ入りましたね。その翌年の 9 月、再び
奄美に行きました。何が目的だったと思いますか。

山川：橋内先生のことですから、ただの観光ではないような気がします。

橋内：教育実習です。今もある笠利町立笠利中学校で 2 週間実習をしまし
た。宿泊はホームステイです。その間に奄美の生活文化を知りました。

山川：先生は東京育ちでしたね。なぜ奄美で教育実習をしたのですか。

橋内：初めて訪島した折のシマンチュ（島人）の熱い歓迎ぶり、ヤマトゥン
チュ（本土の人）を温かくもてなす情にほだされたからだと思います。付
き合いの濃さ・太さというか、「隣は何をする人ぞ」の大都会東京とは正
反対の世界がある、と実感したことですね。初めてお世話になった I 家、
そして K 家とは今でもお付き合いが続いていて、曾孫まで知っています。
こうなると、ほとんど「親戚」。曾孫の K 君は何と私の勤務先に入学し、
卒業したのですよ。

　一般的に、「観光」とは物見遊山。でも、単なる一時的な観光旅行よりも、現地の人々との出会いや文化・伝統への知的興味を持ち続けることのほうが、もっと意義があると思います。新たな絆を築くことですね。

山川：確かに人との出会いも、観光にとってとても重要ですね。

橋内：そう。これまで国内はもとより世界 53 の国と地域に行きました。1 ヵ月以上滞在したのは、アメリカ、カナダ、イギリス、フランス、イタリア、マルタ、キプロス、韓国、シンガポール、アイルランド、オーストラリア、ニュージーランドの 12 ヵ国。どの国や地域にも、日本とは異なる美しい景観や驚きの絶景があります。自然や文化が、地域それぞれに独特でね。でも、それ以上に土地の人との出会いと交流があればなお良いでしょう。そもそも観光というのは、日常世界から非日常世界に分け入ることです。自分には未知の世界であっても、その悠久のときに磨かれた独自の生活文化や伝統を自ら体感することが、観光の醍醐味です。旅行は読書同様、自己啓発には絶好の機会ですね。旅は教養形成の一部ですよ。

奄美からさまざまな研究領域へ

山川：先生の 2 回目の奄美訪問が教育実習だそうですが、その後も奄美に行かれたのですよね。

橋内：僕は英文科生だったので、卒業論文は英語学関連にしたものの、関心事は奄美で、本当に困りました。そこで 4 年生の夏には、奄美方言を学び、中学生に英語の教科書を読んでもらい、英語の発音における奄美方言の影響について調べました。外国語学習における「干渉」(interference) の問題ですね。こうして、何とか英語と奄美を繋げたのですよ (笑)。

山川：それは興味深いですね。今でこそ社会言語学が認知されていますが、先生が学生の頃は、斬新だったのでは。特に英語学では生成文法の時代、国語学でも方言学はあっても、社会言語学はまだこれからでしたよね。

橋内：そうです。英語学といえば、構造言語学が色あせて「変形文法」、後の生成文法が急速に席捲し始めた時代であり、「言語と社会」はゴミ扱いでした。ところが、3 度に亘る奄美への旅で、英文科では扱われない専門領域への関心が強くなっていきました。結局英文科卒業後、一時期英語か

　　　　　　　　　　　　　　　ら離れたのです。何を勉強したと思
　　　　　　　　　　　　　　　いますか。驚かないでください。
　　　　　　　　　　　山川：先生には、共著『法と言語』が
　　　　　　　　　　　　ありますから、法学ですか。
　　　　　　　　　　　橋内：いや、それはもっと後のこと。
　　　　　　　　　　　　実は地理なのです。奄美という地域
　　　　　　　　　　　　のことをもっと知りたくてね。立正
　　　　　　　　　　　　大学で都市景観や中心地理論を含む
都市地理学にのめり込みしました。地域の科学というのが、地理学でしょ
う。卒業論文は「離島中心地・名瀬の地理学的研究」でした。

　1966 年から 2 年間は立正大学で地理学を学びつつ、青山学院大学の大
学院に潜り込み、ethnolinguistics の洗礼を受けました。今でいう社会言語
学ですね。奄美方言との関連で、国立国語研究所の地方言語研究室に通い
ました。当時、国研は『日本言語地図』を制作中でした。

　大学院生時代には、1969 年の LSA Linguistic Institute（イリノイ大学）
に参加しました。これが大変刺激になりました。大学就職後にも LSA
Linguistic Institute（ミシガン大学）に参加しましたが、社会言語学の代表
的研究者が勢揃いし、「社会の中の言語」について熱く語っていました。
私は特に会話分析に関心を持ちました。

　「法と言語」のほうは、ずっと後のことです。1995 年にオーストラリア
のニューイングランド大学で国際法言語学会に参加したのがきっかけで
す。帰国後、月刊誌『現代英語教育』の連載記事に「法言語学」などを書
き、それらを再構成して『ディスコース――談話の織りなす世界』（1999
年初刷）を上梓しました。法と言語学会の創設は 2009 年 5 月です。

山川：橋内先生はいろいろな学びをされていますね。私も学部はドイツ語、
　でも大学院は地理学でした。それでは、観光に話を戻しましょう。

観光と言語体験

橋内：奄美の話に戻りますが、この五十数年を顧みると、シマグチやシマウ
　タが若者に継承され難くなってきたことに気づきます。他方、最近は方

言を積極的に用いた店名なども見られます。たとえば「けんむん村」とか「むちゃかな」、「やっちゃば」など。さっき話した 1964 年に教育実習をした当時、方言使用は校内で禁止されていました。それが今は方言が再評価されていますね。「方言の日」が制定され、シマグチ大会が開催されるのです。これには、ユネスコによって沖縄や奄美の言語が「消滅危機言語」に指定されたことも関係しているかと思われます。

山川：先生が学生時代に訪島した 1960 年代から 2020 年の今日までの間に、奄美の言語事情は随分変わったのでしょうね。

橋内：奄美の方言社会は、次の 4 段階を経て、すっかり変貌しました。まず、明治大正世代は、大抵の生活場面で「方言」を使っていました（第 1 段階）。次に、戦時中から戦後直後の 1950 年代までに生まれた第二世代は、伝統方言を聞いて大抵のことは分かるけれども、自らは主に「トン普通語」を話していました。これは方言（シマグチ）と共通語を混ぜて使う接触言語です（第 2 段階）。1960 年代以降に生まれた第三世代になると、「奄美語」なる伝統方言をある程度は理解しても、自分ではほとんど方言を使いません（第 3 段階）。そして、1990 年代後半以降に生まれた若年世代は、方言を聞いても語彙が断片的に分かる程度。自らは「共通語」しか使えません（第 4 段階）。現在では第三世代が社会の核を担い、第四世代が徐々に社会に進出し始めている段階にあります。総じて、この半世紀余りの間に、奄美語（シマグチ）から共通語への言語移行がおおいに進んだように思います。それゆえ「消滅危機言語」なのです。

山川：方言を看板に書くような事例は、最近多々見られるようです。岡山では、「おいでんせぇ」ですか。そういえば、奄美では「伝泊」という古民家などを活用した宿泊施設がありますね。地元出身の建築家が立ち上げていますが、人との出会い、つながりを大切にしています。言語を観光資源と考えると、「語り」というのも関係してくると思います。遠野の語り部は有名ですが、昔話や伝説・世間話の類をその土地の言葉で伝承することは、他の地域でも見られます。群馬県みなかみ町には、女将が語りをする「民話の宿」と PR している宿もあります。

橋内：語りといえば、民話だけではありません。たとえば、ヒロシマにおける原爆体験やミナマタにおける水俣病の語り。こちらはダークツーリズム

です。そのような語り部は、被害者の二世を含め、文化の仲介者、伝承者として大切ですね。壮絶な体験談を実際「生の人間」から聞けるというところが、実相を呼び起こします。語りは語りの場と結びつくしね。

山川：そうですね。

橋内：そういえば、2007年12月、内線前のシリアに行ったとき、ある洞窟の前で旅行者に土地の言葉を語る女性がいました。その言語はセム系のアラム語で、イエス・キリストが話していたと考えられています。ただ内戦による混乱状況が続いたため、この貴重な言語の継承者が生き延びられたかどうか、とても心配です。口頭伝承は、エジプト聖刻文字のような「古代文字の解読」とは別の意味で、独自の価値があると思うのですが……。

山川：それはすばらしい経験ですね。直接その場に行って人と会うのは、本を通して学ぶのとは違う価値があると思います。

橋内：歴史的価値のある言語が今なお残っているという驚きです。言語景観というのは文字言語に限られますが、音声言語は話した瞬間に消えてしまいます。音声言語もあるということも含めて言語理解を深めておきたい。語りを聴くというのも、一種の「言語体験」です。判で押したように、観光案内書に紹介されている名所だけを見てまわるだけでは、旅の真髄に触れることは不可能でしょう。サウンドスケープ（音風景）も解読したいものです。

観光と言語の商品化

山川：観光のスタイルが、インスタ映えを狙うとか、目的地にスマホ画面を見てから行くようになると、その場の全風景が見えてこないような気がします。全体ではなく個に直結するような、ネット社会の特性が観光にも出ているといえそうです。

　　ところで、Ｔシャツや店名などへの方言使用とか、民話の語り部というのは、言語の商品化とも見做せるような気がします。

橋内：そうですね、奄美大島でも方言Ｔシャツが売られていますよ。「やちゃ坊ちびっこ相撲大会」（やちゃ坊＝奄美で人気のトリックスター）といった行事名や、「ばしゃ山」（器量の悪い娘）、「みしょれカフェ」（みしょ

れ＝召し上がれ）、「ふりむん」（馬鹿者）といった店名などに、民俗語彙や方言が使われています。シマヌジュウリ（島料理）の店でサンシン（三線）を弾き、チジン（太鼓）を叩きながら、シマウタ（島唄）を聴かせるのも、言語の商品化によるおもてなしでしょう。

▲写真 1　方言Tシャツ
（奄美大島、いもーれ）

　言語景観から見ると、どこへ行っても日英中韓の四言語表記が標準化しました。ただ、その土地らしい個性が出てきてもいいのではないですか。台湾からのクルーズ船が入港する南西諸島では繁体字で表示したり、北海道の小樽ならばロシア語の看板やメニューを用意したり……このような地域性があってもいい。宗教的なことを考慮すれば、イスラム圏からの観光客には、料理店は「ハラール認証」を得て、マレー語・イ

▲写真 2　「歓迎光臨」の看板：
台湾人相手の言語対応（名瀬港）

ンドネシア語などで表示することもありですね。思うに日本の外国語教育は、英語一辺倒の傾向がありますが、もっと多言語化すべきでしょう。言葉を通して世界を認識するのですから、言語人類学でいう「言語相対主義」ですね。

異言語に異郷への関心

山川：ドイツの作家、ミヒャエル・エンデは「あたらしい言葉を学べば心の扉を一つ増やすことができる」と言っていました。相手構わず英語で押し切るというのは失礼で、「英語帝国主義」の極みです。せめて挨拶ぐらいは訪問地の言葉で言ってみようという歩みよりの気持ちを持ってもいいと

思います。

橋内：そう、異言語への興味は、異郷への関心を呼び覚まします。私も奄美
　　に行って初回は方言がまったく分からなかったものの、もう一度行ってみ
　　たいと思いました。現地の言葉と文化が、自分が慣れ親しんだものとは異
　　なることを知るだけでも、自己啓発になります。本物の観光とは、安易に
　　旅行社の募集型企画旅行に乗るのではなく、自ら計画を立てて観光資源を
　　探し取るものです。さもないと、旅行者として成長しませんよ。

山川：そうですね。

橋内：宗教も観光の対象になることがありますね。伊勢神宮などの神社はも
　　ちろん、寺院や教会も観光の対象になります。お寺では、写経体験（京都
　　の西芳寺ほか）や参禅体験（鶴見の総持寺など）ができます。それは精神
　　文化を体験するということですが、写経も座禅もある意味で「観光言語」
　　の領域かもしれません。なお、長崎の「大浦天主堂」や五島の教会群には
　　「天主堂」と付くものがあり、復活キリシタンの歴史を彷彿させますね。

山川：文学散歩という趣味も「観光と言語」に関係していますね。

橋内：俳句や短歌を詠む人は、吟行を楽しみます。美しい風景や史跡に胸を
　　打たれて、詩作に励んだ文人は多数
　　います。たとえば、三保松原の「神
　　の道」を辿ってみるとしましょう。
　　松林の中にまっすぐ伸びた木道を歩
　　いていくと、万葉集から北原白秋な
　　どの近代詩に至る有名な歌碑や詩碑
　　に出会えます。晴天の冬日に三保松
　　原から秀峰富士を遠望していると、
　　天女羽衣が舞い降りてくるかもしれ
　　ません（笑）。また、岡山後楽園に

▲写真3　「宵待草」の歌碑

近い旭川畔には、「宵待草」の詩碑がありますが、どこか哀愁漂う三行詩
です。あの抒情歌を歌ってみましょうか。

　　　待てど暮らせど来ぬ人を　宵待草のやるせなさ　今宵は月も出ぬさうな
　　　　　　　　　　　　　　　　　　　　　　　　　　竹久夢二（画家・詩人）

観光と言語政策

山川：「観光と言語政策」という観点から想い起こすことはありませんか。

橋内：あります。バングラデシュの「ベンガル語国語化運動記念日」が好例
でしょう。確か2月21日でしたね。国連が定めた「世界母語デー」にも
なっています。その歴史的背景は、実に興味深いものです。

　第二次大戦後の1947年、英領インドでは、
ヒンズー教徒の多い地域はインド、イスラ
ム教徒の多い地域はパキスタンとして、分
離独立を達成させました。けれども、パキ
スタンは、インドを挟んで東西に二分され
た飛地国でした。首都は西パキスタンに置
かれ、ウルドゥー語を国語とする言語政策
が採られました。東パキスタン人の母語は
ベンガル語ですから、ウルドゥー語のみを
国語とする言語政策に対して不満が募りま
した。

▲写真4　ショヒドミナール
（ダッカ）

　1952年2月21日にダッカ大学の学生ら
が「ベンガル語を東パキスタンの国語に認
めよ」と訴えたところ、警官に発砲され、4人の青年が無残な死を遂げた
のです。その後、彼らの勇気を讃えてショヒドミナールという碑が建て
られ、バングラデシュ建国（1971年12月）への礎となりました。毎年、
この日には各地で式典が催され、4人の犠牲者に献花がされます。私も
2015年2月のダッカ訪問時には「犠牲者の碑」に花束を恭しく捧げまし
たよ。

山川：そういえば、池袋駅西口にもバングラデシュ出身者らが建てたショヒ
ドミナールの碑があって、そこには「言語への愛の記念碑」と刻まれてい
ますね。

橋内：この記念碑との関連で、「世界母語デー」がもっと知られるべきです
ね。この日を記念して、ダッカ大学構内では毎年盛大なブックフェアを開
催。テントが並び、少数民族語の書籍も展示即売されますよ。

ダークツーリズム ── 国の陰を観る

山川：土地にはさまざまな歴史があります。すべてが楽しい話ではありません。その重みを実感するのも観光ですね。

橋内：「観光」とは、その「国の光を観る」というのが、本来の語義です。でも、「光」とともに「陰」を観ることも必要だと思います。いわゆるダークツーリズムです。ここには深刻な人権侵害や大量虐殺の場所が含まれています。たとえば、アウシュヴィッツ強制収容所、広島平和記念公園、エコパーク水俣。そしてフィリピンのスモーキー・マウンテン、インド・コルカタやバングラデシュ・ダッカのスラム街などを観ると、経済成長から取り残された「陰」が実感できます。現地に足を運ぶことで初めて認識をすることができ、模索を始めます。

▲写真5　リキシャとスラム
（ダッカ）

　隔靴掻痒という四字漢語があるけれども、読書をするだけでは「机上の学問」です。私はこの目で確かめる現地主義を尊重します。つまり、「足で書く」フィールドワークが大切だと思います。

山川：そうですね。私も同感です。ダークツーリズムという点では、先生は2018年12月に済州大学校での韓国言語研究学会冬季大会で、「ハンセン病療養所の言語生活」について報告されていましたよね。

橋内：長島愛生園・邑久光明園や大島青松園を含む13ヵ所の国立療養所に行きましたね。隔離政策時代には、無菌地帯（職員地区）と有菌地帯（患者地区）に分けられていたのです。愛生園にあった岡山県立邑久高校新良田教室では、教員は白づくめの予防着で授業をしていたし、教員室に生徒（患者）は入室禁止だったのです。生徒から受け取った答案や代金は、すべて消毒したそうですよ。

　ハンセン病患者は視神経を侵されて、目が不自由になることが多い。そのため、療養所には盲動鈴（不断の音楽放送）や盲導柵（道路脇の柵）があ

り、白線を中央に引いた盲道、その向こうに「盲人会館」が見えるなど、
視覚不自由者が懸命に生き抜いてきた景観が広がっています。

　強制隔離時代には、患者は入所する折に過剰なほどの消毒が施され、
めったに外出が許されず、園内で死亡すると解剖後に火葬され、遺骨は
「納骨堂」に納められました。ハンセン病の宣告を受けたとき、「地面の底
が抜けたんです」と慟哭した藤本としは、同名の書物が一躍ベストセラー
になり、園内に碑を残しました。「もういいかい骨になってもまあだだよ」
と作句した中山秋夫もすでに亡い。ともに邑久光明園の入所者でした。

　患者桟橋・クレゾール風呂を含む
回春寮・監禁室（監房）・解剖台・
火葬場跡・胎児等慰霊の碑・納骨堂
などを含む療養所諸施設の見学は、
正にダークツーリズムです。言語生
活という点では、入園番号と園名
（偽名）の付与、地域語と園内語の
使用、在日入所者への識字教室開設
と代書なども行われていたのです。

▲写真 6　解剖台（大島青松園）

山川：先生は済州の学会報告で、「舌
読」のことにも触れていました。ご報告からは、視力と手先の感覚を失っ
ても、点字を舌で読んでいくという壮絶な状況を知ると同時に、言語は人
間の生活の根源であると思いました。ハンセン病療養所への訪問によっ
て、言語そのものを深く考える機会が得られるのも、広く「観光と言語」
といえるかもしれません。

戦争の記憶 —— 海外日本人墓地など

山川：先生は先日（2019 年 10 月）、ウズベキスタンに行かれたそうですが、
　　いかがでしたか。
橋内：ウズベキスタンは、中央アジアのシルクロードにあって、アレキサン
　　ダー大王の東征、ムスリムのアッバス朝・サーマン朝・カラハン朝、モン
　　ゴル帝国の侵攻、チャガタイ・ハン国、ティムール王国、シャイバニ朝、

ブハラ・ハン国、ロシア帝国、ソ連邦などさまざまな文明が行き交った土地です。

山川：中央アジアはこれから日本人にも人気が出てくると思っていました。ウズベキスタン国営航空も就航していますね。

橋内：そうです。首都タシケント、または「青の都」サマルカンドまで、成田から直行便が出ています。

山川：ウズベキスタンではウズベク語が使われていますが、文字はどうでしたか。

橋内：1991年にソ連邦から独立しましたので、ウズベク語の公共サインはキリル文字からラテン文字へと移行しました。両文字併記もありますよ。

山川：駅名に多言語表示が認められましたか。

橋内：今回乗降した鉄道駅タシケント・ブハラ・サマルカンドの駅名は、ウズベク語・ロシア語・英語の順で三言語併記が行われていました。

　タシケントに行って心を動かされたのは、ナヴォイ劇場と日本人墓地です。1945年8月9日以降に旧満洲からソ連に抑留された元日本兵捕虜は極寒と飢餓の中で土木建設の強制労働に従事しました。ナヴォイ劇場は、激震にも耐えて、今なおオペラ劇場として使われています。市内には元日本兵79柱の墓地があり、地元住民によって丁寧に維持管理さ

▲写真7　タシケントの日本人墓地

れています。その近くには、「抑留資料館 AYA」もありますよ。

山川：シベリア抑留は、中央アジアにも及んでいたのですね。

橋内：海外日本人墓地の墓参は、これが初めてではありません。実は、学生を連れてシンガポールで海外セミナーを実施したときにも、日本人墓地を訪ねました。軍人墓は目立ち、からゆきさんの墓は慎ましいものでした。その折、チャンギの旧連合軍捕虜収容所跡と戦争記念公園の日本占領時期死難人民記念碑も訪ねて慰霊し、忌まわしき「戦争の記憶」が蘇りました。

　　タイのバンコクで日本「アジア英語」学
会セミナーがあった折には、数名の参加者
を募り、カンチャナブリに向かいました。
そこには泰緬鉄道建設の強制労働で絶命し
た連合軍捕虜共同墓地があり、追悼と和解
のために足繁く通った「クワイ河に虹をか
けた男」（元陸軍通訳・永瀬 隆）のことを想
起しました。

▲写真 8　永瀬 隆の銅像

山川：ジャーナリストの満田康弘が伝記を書
　　き、同名のドキュメンタリー映画も作って
　　いるのですね。

橋内：オーストラリアのカウラを訪ねた折には、かの日本兵捕虜集団脱走事
　　件の記憶が鮮明に蘇りました。日本兵捕虜は「生きて虜囚の辱を受けず」
　　という「戦陣訓」に従ったまででしょうが、オーストラリア人には不可解
　　な事件でした。

山川：カンチャナブリはタイ観光ではポピュラーな訪問先になっています。
　　映画「戦場にかける橋」の影響で有名になりました。先生が今お話しに
　　なった永瀬隆さんの行動、私には言葉に表すことができないほどです。戦
　　争の現場には、日本軍、地元の人、捕虜になった連合軍や東南アジアから
　　動員された人たちがいたと思います。その人たちは、どのようにコミュニ
　　ケーションをとっていたのでしょうね。そして邦人はどのような言葉で、
　　どのようなことを語っていたのでしょう。先生のお話を伺っていると、流
　　行りごとを追いかけるだけの旅ではもったいない、自分をある時代にタイ
　　ムスリップさせ、ある場所に身を置いて、その場を感じてみる。いわば自
　　分との対話ということですが、それも旅の魅力だと思います。

　　　今、日本がインバウンドの誘致だとかおもてなしだとか言っていること
　　は、旅人の内面に訴えてこない。言葉が適切か分かりませんが、薄っぺら
　　い。観光先進国を標榜するのであれば、そろそろ深化が必要だと思いま
　　す。言語教育もしかりです。

　　　今回は、半世紀を優に超える豊富な旅の体験と言語についてのお話を聴
　　かせていただきありがとうございました。多くの学びがありました。

第 **12** 章 ［対談］

観光言語学は
成り立つのか

移民言語から観光言語へ

庄司博史

聞き手：藤井久美子・山川和彦

庄司博史（しょうじ・ひろし）

1949 年大阪生まれ。国立民族博物館名
誉教授。専門は、言語学（特に社会言語
学、ウラル語学）、言語政策論、移民政策
論。1999 年に多言語化現象研究会を立
ち上げ、多言語化する日本の言語事情の
研究プラットホームを作ると同時に、多
言語化する移民社会の研究を行っている。
主な著作に『ヨーロッパ（講座世界の先住
民族　ファースト・ピープルズの現在）』、
『事典　日本の多言語社会』、『日本の言語
景観』など。

「観光言語」が生まれた背景

藤井：本日は移民言語を研究している庄司さんに、観光言語について伺い
たいと思います。日本は歴史的に見て、台湾や朝鮮半島から来た人々を
含め、戦前から多民族国家でした。ただ、そうした事実を直視すること
なく、「日本は単一民族国家である」と言われていた時代がありました。
1980 年代のバブル期になると、海外から日本に労働者としてやってくる
人々が増加して、外国人の存在が顕著になってきました。ようやく、日本
社会は日本人だけで構成されているのではないということを意識し始めま
した。とは言え、21 世紀になってもなお、日本政府は、長期で滞在する
外国人労働者などを「移民」と呼ぶことはしません。移民のための言語政
策も行われないため、日本語を母語としない人々は、日本で生活する上で
さまざまな苦労をしてきました。しかし近年、外国人旅行者の増加によっ
て、こうした日本社会に変化が生じています。

　インバウンドの増加に伴い、訪日外国人に対して多言語による接遇が急
速に進展していますが、そうした動きは外国人住民にどのような影響を与
えると思われますか。「観光言語」「観光言語学」の今後を含め、教えてく
ださい。

庄司：この議論を始める前に考えておきたいのは、少数言語というものの存
在です。そもそも、国家が誕生するとともに、国家語・公用語ができ、そ
れらが重視されることで、これら以外のものは少数言語とされました。勢
力の弱い、話者数の少ない、あるい
は文字化されていない等の理由で排
除されてきた地域言語、少数言語
というものが存在します。しかし、
ヨーロッパで言えば、1960 年代以
降の 20 年間で、こうした少数言語
の教育や継承も少しずつ認められる
ようになりました。地域言語や少数
言語が国家語と同じ権力を獲得した
わけです。教育や公文書でも使用さ

▲ノルウェー・フィンマルクにて
（2019 年 10 月）

れるようになっています。

　その後、移民が増加する時代になると、移民の言語は国家語にも地域言語にも排除されるようになります。移民は自分でやってきたのだから、つまり、自由意志に基づくものなのだからとして、国家語や地域言語のさらに枠外に置かれ、排除の対象とされました。ヨーロッパの国々はそもそも国民国家とか民族国家ですから、単一言語という考えが基本にありました。ですから1992年に欧州審議会で採択されたEuropean Charter for Regional or Minority Languages（地域言語または少数言語のための欧州憲章）においても、移民の言語の権利は認めていません。そうした状況に変化が生じてきたのが1990年代です。「言語権」の存在を背景に、移民言語の権利も認められるようになってきました。

　ここまでの動きをまとめると、最初に国家語とか公用語があり、次に、地域言語、その次に移民言語となります。この三段階で安定するかと思っていたところに、観光言語が出てきたわけです。

藤井：なるほど。

庄司：そもそも地域言語であれば、土着の人間の言語としての権利があるということを認めさせてきたわけです。移民言語については、たしかに新しい言語だけども、いわば第二の祖国で生活する人の言語であり、彼らは通過者ではありません。地域言語にはおよびませんが、移民の社会統合のための基本理念として掲げた多言語多文化主義の枠内で、一定の言語権が認められてきました。地域言語であれ、移民言語であれ、これらの言語の当事者、研究者、支援者も、ひと言で言えば苦労や妥協をしながらそれぞれの言語の居場所を認めさせてきたわけです。それに対して観光言語は、近年、急速に力を持つようになって、今までの苦労もなく、いきなり大手を振って出てきたような感じがします。

　地域言語や移民言語には実際にそこに住む話者がいますが、観光言語はどうでしょうか。観光言語の話者とはどのような人々を指すのでしょうか。観光客なのか、観光従事者なのでしょうか。観光言語という概念に関しては、まだ議論が十分にされてきていない感があります。担い手が定住性を持たない観光客だとすれば、経済以外の部分で国家に貢献することがあるのでしょうか。私はその辺がまだ引っかかっているのです。

移民と観光客の違いとは

山川：庄司さんがおっしゃるとおり、観光言語に関係する研究は突如注目を浴び出したと言ってもいいと思います。私と藤井さんが日本言語政策学会で観光と言語に関する分科会を初めて行ったのが 2013 年です。その時会場にいたのは 2〜3 人です。マスコミが訪日外国人の爆買いなどを取り上げるようになると、研究者の中でも観光に関心を持つ人が多くなりました。今のお話で移民言語と観光言語の話が出てきました。これはどのように区分できるとお考えでしょうか。

庄司：移民と観光客の特性を対比するため、簡単にまとめてみました。

表 1　日本における移民と観光客の特性の比較

		移民	観光客
外形的な違い	数	約 283 万人 （2019 年 6 月）	約 3,188 万人 （2019 年 12 月）
	定住性	一ヵ所にほぼ定住	通過
	土着性	非土着性（外来性）	通過
	増長の中期的展望	漸次的増加	(超) 不安定
	滞在期間	中・長期、永住	超短期
地域との関わり	地域との利害意識	基本的に協調的	無関心
	コミュニティへの帰属意識	同郷者（＋近隣）	なし（本国のみ）
	国・地元への経済効果（購買力）	少ない	巨大（直接・間接的）
	雇用創出	少ない	限定的 （長期的には波及の可能性）
	労働力として	多少貢献（拡大化傾向）	貢献度なし
	総合的にみた社会的影響	大きい	経済以外、国家理念などへの直接影響は少ない
社会的関心	国・行政の態度・対応	漸次的に移行中	好意的
	経済界	ほぼ無関心	超好意的
	大衆の関心	漸次的減少〜無関心	複雑（悪化の可能性あり）
	多言語論研究	停滞〜後退気味	漸次的に増加中

庄司：観光客は量的には桁違いですね。移民は地域に対して協調的ですが、観光客は無関心であることが普通でしょう。購買力という点では、観光客は巨大な効果をもたらしますが、雇用や労働力などを含めた総合的な社会的影響という点ではどうでしょう。移民は大きいですが、観光客は「経済以外、国家理念などへの直接影響は少ない」です。これは、今後の進展次第で、場合によってはさらなる雇用創出の可能性もあるでしょうが、昨今の日韓関係のようなケースもあり得ます。国レベルでは、2008年に観光庁ができていますが、在留資格などを審査する出入国在留管理庁は2019年4月にできました。このような社会の潮流の中で、移民と観光客の特性を考えながら言語研究をしていく必要があるのかな、と思っているところです。

山川：私はもともと観光関係にいた経験があるので、目の前で起きつつある観光現象にすぐに反応してしまうのですが、今、庄司さんがお話しされたことは、観光言語を考える上で、特に社会言語学、言語政策を考える上で重要なことであると改めて思いました。

　ところで、ニセコを見ていると、移民と観光客の中間に位置するような人たちがいるような気がします。たとえばスキーシーズンだけ定住しているとか、ワーキング・ホリデーで来ている人もいれば、日本人と結婚してビジネスを展開している人もいます。

庄司：そうです。移民の定義は実はけっこう難しいものになってくるでしょう。中間的な人たちに関して言えば、実は国とか社会に対して、ある意味、挑戦的なことが起きているのかもしれません。観光政策の中で、数年前に富裕層の長期滞在を促進しようという施策が出てきましたよね。このような観光客はお金を落としてくれるから一時的には重要かもしれませんが、半定住していくということに関しては、大きな問題が潜んでいます。彼らの言語権を考えたらどうなりますか。観光客は基本的に日本語を必要としないわけです。仮にそのような人が多くなって居住区を作っていったら、どうなるでしょうか。つまり日本語を使う社会とは違う社会が存在してくるということです。これは、一国一言語という国家理念に正面から挑戦しようとすることになるかもしれません。たとえば1年滞在しようとする外国人が住民登録してくると、子供たちを受け入れる学校の用意をし

なければなりませんよね。ところが、外国籍であれば日本の公立学校に行く必要はないので、自分たちの学校、たとえばブラジル人学校のような民族学校を作ってしまえば、日本の教育行政は不要になってしまいます。国家主義を押しつけるつもりはないけれど、極端なことを言えば、今まで日本人が思っていた国家理念の崩壊につながっていくという危険性さえあるわけです。

　これまで日本社会では、外国人に対して、役所では多言語対応が、公立学校では日本語学習支援や、一部では母語補助による言語支援が必要である、というのが共通意識として育ってきました。しかし、山川さんが調査しているニセコの現象は、こうしたこれまでの常識を越えているのでしょう。長期滞在者の集住ということでは、南ヨーロッパには「年金生活者村」というものがあります。

藤井：山川先生が以前研究されていたタイのプーケットなどもそれですかね。たしかドイツ人が多いとか。

庄司：そうですね。このような年金生活者村は定年退職したような人々が多く暮らす場所で、お金を落としつつも、ヘルパーとして地元の人をつかうというエリアになっています。子供も入ってきて教育の必要があるニセコとはちょっと違うかもしれませんが。ただ、このような村での言語状況は、その国内から見れば特殊です。

山川：言語景観もそうなのかもしれません。プーケットのあるエリアでは、ドイツ語表記を掲げるレストランが何軒も目につくところがあります。

定住移民という概念

庄司：かつては観光といえば短期滞在を意味しましたが、ニセコにいるような長期滞在観光客に対しては、定住移民という表現もできるかもしれません。次に、こうした人々の今後を考えてみたいと思います。

　先ほど、移民言語という言葉が出てきましたが、90年代に入国管理法の改正で急増した日系ブラジル人は、日本国内のいくつかの地域に集住して暮らすことで、日本語が不要なコミュニティを築いていました。ところがリーマンショックで経済状況が悪くなり、仕事がなくなる、日本語がろ

くにできない、そのため彼らの行く場がなくなってしまったわけです。仮にニセコの土地や観光資源としての価値が下がり、外国人が移動するようになったらどうなるのでしょう。移民の場合は、ある程度社会に組み込まれているのですが、観光を中心としたものはどうなるのでしょうね。

山川：ニセコでは、旅行者が増えてくると、今まで来ていたオーストラリア人が外の場所、同じ北海道でも富良野、信州の白馬に移動している人もいるという話は聞きます。

庄司：そうですか。2019年4月に入国管理法が再度改正されると、日本の労働市場の外国人への開放とも言うべき状況が起きています。時間が経つにつれ、外国人滞在が法的にも寛容になると思います。今までの移民は、アジアであったり南米出身の日系人であったり、どこか日本文化に対する親近感があるというイメージでとらえられてきたと思います。ただ、今、話に出ているオーストラリアや欧米ということになると、日本に対する意識が若干違うかもしれません。また新たな摩擦が住民との間に生じるかもしれません。

　おそらくニセコに暮らす外国人たちは、日本語ではなく英語で生活をしてきたのではないでしょうか。ニセコは、もはや日本の中のニセコではなく、「世界のニセコ」だったからです。多くはかなりの富裕層で、いろいろなところで仕事をしたり生活したりしているので、「世界のニセコ」では英語で生活できるのは当然である、現地の言葉、日本語を覚える必要はないと考える人もいるのかもしれません。

　今はニセコに集住するこうした人々ですが、先ほど山川さんが話されたように、旅行者の移動がさらに大規模になり、日本全体に散在することに

なったとしたら、どのようなことが起きうるでしょうか。日本国内の各所に住むアジアからの労働者、技能実習生などよりも日本社会への順応性は低いでしょうから、もしかすると日本のどこにいても、これまでのように暗黙のうちに英語のみでの対応を要求するかもしれません。

　そもそも、ニセコは富裕層が英語優先で暮らせる日本の中の特殊な場所なのですが、ここでの彼らを受け入れるこうした「寛大さ」は、彼らが持つ経済力に裏付けられているのではないでしょうか。私は外からニセコのことを見ているだけですが……。

藤井：私もニセコに行き、語学学校で話を聞きました。長期滞在者の中には、日本語を勉強したい人も出てきているようです。

山川：ニセコにはさまざまな人が生活しています。比較的早い段階でニセコに来た外国人、そして通年でニセコに住んでいる外国人は日本語が堪能で地域社会に溶け込んでいる人もいます。今、庄司さんが「世界のニセコ」と表現しましたが、富裕層で投資目的の外国人が増えたのも事実です。それと冬季だけワーキング・ホリデーでさまざまな国からやってくる外国人も増加しました。3ヵ月程度の滞在ですから、日本語を学ぶことはないというのは納得できます。

庄司：子供たちはどうなのでしょうか。周りに外国人が多くなって、どのような意識なのでしょうね。

山川：小学校で聞き取りをしたことがあります。いわゆるハーフの子供たちも多いそうですが、子供たちは外国人に対して違和感はないようです。小学校の先生方の話を聞いていて、ニセコの置かれた状況を何か問題にしたがっているのは自分たち研究者なのではないかと思うと、ちょっと恥ずかしく、反省しなくてはと思った次第です。

　私が初めてニセコに行ったのは2008年でした。その頃、今で言う着地型観光とも言うべき地元の日本文化体験ツアーのようなものを企画したけど反応が悪かった、という話を聞いたことがあります。もともとはスキーがしたくて集まってきた人たちですから、あまり日本文化に関心がなかったのかもしれません。日本政府観光局のプロモーションなどもあって日本が世界に紹介されていくと、いろいろなことに関心を抱く旅行者や滞在者が出てくるのだと思います。そういう意味では、ニセコにいる外国人も日本人も多様化していると思います。

　最近ちょっと気になったのは、もともと外国人向けに英語で雑誌を発行していた会社が、日本人向けに日本語版の雑誌を刊行し始めたことです。その中で、アイヌ語の地名に関する記事が出ていたんですね。編集の方に

もお話を伺ったところ、もともとニセコとか倶知安とかの地名がアイヌ語に由来しているからということで、言われてみればもっともです。私が気になったのは、ヨーロッパの少数集団が地域固有性を主張し、権利を得ていく上で郷土文学を持ち出すことがありますが、それに近いのかなと。ニセコという地域的なアイデンティティ、ウチに向かう求心性のようなものが出てきたのかなと。裏を取っているわけではないのですが。

庄司：今の話は私も同感です。ちょっとニセコの話とは離れ、アイヌ全体に関わる話になりますが、アイヌ民族は、北海道の先住民族として、地域性を象徴するもののように扱われてきました。そして日本社会はアイヌを先住民族として認め、彼らの権利や優先性を少しずつではありますが、認めてきました。しかし彼らへの偏見は残っていますし、彼らの問題も日本国内にとどまっている感がします。とは言え、外に向けて活動を広げていく枠組みもできつつあるように思います。つまり、外国人が入ってくることで……。自らの意見や主張を外に向けて発信できるチャンネルが増えるのではないかと思います。今まではアイヌの地名の大部分は漢字で上書きされることで、アイヌ起源や原義などは見えなくなっていましたが、外国人が入ってくれば、漢字を読みやすいカタカナやローマ字で置き換えることができるわけです。

山川：アイヌに関しては、外国人の中にも興味を持っている人が多いのではないかと思います。外国人の情報発信によって地域性が覚醒するような気もしなくはないですね。

庄司：そういうことはあり得ますね。外国人に中にも、自分たちの場所は特殊なのだということが出てくる可能性もありますよね。

山川：そういえば、漫画『ゴールデンカムイ』（集英社）の影響もあるかもしれません。ただ、北海道というとアイヌと連想されますが、司馬遼太郎の『オホーツク街道』（朝日新聞出版）を読んでいると、ウイルタやニブヒの話も出てきます。忘れてはいけないことでしょう。

海外の移民／観光政策

藤井：今アイヌの話を聞いていて、台湾のことをふと思いました。台湾では

先住民族のことを常に取り上げて
きました。漢族や大陸との関係を
主張する時に、少数民族を考えて
いるわけです。台湾では少数民族
をどのように国家の中に取り込ん
でいくかということが意識されて
いたように思います。日本の場合
は、2020年に開館する国立アイヌ

民族博物館に関しても観光のほうが前面に出てきているように思われま
す。そういう状況を見ると、台湾のほうが移民と直接向かい合っていると
言えそうです。日本は観光客が増えてきて、ようやく移民をきちんと考え
ようというふうにも思えます。台湾では学校教育の中で移民の言語を取り
上げていますから、日本よりもしっかりと移民に向かい合っていると言え
るのではないでしょうか。

庄司：日本では、「移民」という言い方をきちんと使えてこなかった点にま
　　　ず問題があると思います。「移民」と言えば、日本から海外に行った人々、
　　　あるいは、最初から移民として日本に来た人々を指しますが、本来、定住
　　　外国人は「移民」「immigrant」と呼ばれるべき人々です。

山川：先ほど、移民言語と観光言語、という言葉が出ましたが、ヨーロッパ
　　　で観光客のための言語を学習するようなことは、あまり一般的ではないよ
　　　うな気がします。もちろん、ガイドのような仕事は別ですが。

庄司：ヨーロッパでは、国家戦略として複言語主義がありますね。これに関
　　　しては莫大な予算をかけていると思います。多言語教育を奨励すると同時
　　　に、近年では移民言語に対しても、学校などで取り込み始めていると思い
　　　ます。日本のように観光客をサポートするために観光言語を特別扱いし
　　　て、国家戦略としてあらゆるものを多言語化して観光客を増やそう、とい
　　　う考えはないように思えます。

山川：タイは観光立国として有名です。大学の日本語学科の授業科目に、観
　　　光日本語のような教育がありますね。昔聞いた話ですが、オイルマネーを
　　　持ったロシア人が多く来ると、もともと日本語のガイドをしていたタイ人
　　　が半年モスクワの語学学校に行って、帰ってきてロシア語のガイドに転職

したとか。ガイドに入るチップなどがずいぶんと違うようでした。一方、日本は、ガイドの養成ではなく、テクノロジーへの依存度が上がっているという状況になっているのではないでしょうか。

移民と言語権

山川：先ほども少し話が出た言語権についてお話を伺いたいと思います。観光客の言語権という観点から見てみれば、言語権を認める根拠はどこにあるのでしょうか。

庄司：そもそも言語権は、国籍や出自を問わず、すべての人にあるものです。ですから、移民だけでなく、観光客にも認めるべきものだと言えます。特に災害など、緊急性のある場合を考えれば当然です。それ以外にも、日本観光を通して日本で消費をしてくれるのだから、また、日本人の美徳とされている「おもてなし」の心とでも言いましょうか、損得を考えずに客人のことを考えるというか、その点でも、旅行者の言語権は認めるべきだという考え方があるでしょう。私にはこれが一番あやしいような気もします。「おもてなし」という耳触りのいい音、表現に惑わされているような気がします。さらには、移民、観光客を問わず外国語への言語権をあまねく認めること、外国語を使用することで、いずれ日本人の言語能力が向上するかもしれないから、肯定的に見ようとする考えもあるかもしれません。

　ただ、言語権だけで論じるのが難しい場合もあります。中国語や韓国語のように、その言語を母語とするコミュニティが大きければ公的支援は認めやすいでしょうが、話者集団が少数の場合は認めがたい。そのために必要な経済、労力を考えれば無理ということになるでしょう。まして定住しているわけでもない観光客は、ここから真っ先に外れてしまいます。移民に対しても同様で、母語を使用するという言語権をすべてに認めることはできない。そこで代替措置として「やさしい日本語」ということになるのでしょう。観光客にまで「やさしい日本語」を覚えてもらうということはあり得ないだろうから、観光客が多国籍化・多言語化したとしても、彼らの受け入れ現場では、大言語への収れんが進むだけかもしれません。

山川：多数の外国人旅行者がやってくることで日本人が外国人慣れすること
　　　は、やがて来るであろう移民受け入れ時代の準備になるのでしょうか。

庄司：私にはこの問題はよく分かりませんが、一般の認識では、観光客と定
　　　住する移民はある程度分けて見ているような気がします。また観光客の外
　　　国語を通じ、外国語慣れするかという問題では、移民言語ほどの影響はな
　　　いのではないかと思います。後者は同じ生活圏にいれば当然、彼らの移民
　　　言語と触れることは多くなると思いますが、観光言語はおそらく一部の人
　　　に限られると思います。しかし、最近はどこでも中国人観光客が増えたお
　　　かげで、ヘルシンキでも土産店の人が中国語で「ニーハオ」とあやしい発
　　　音で声をかけ始めているのを見て驚きました。数年前までは「コンニチ
　　　ワ」だけでした。観光業界の反応は早いです。

多言語対応と言語サービス

庄司：観光言語と移民言語の話に戻りますが、移民言語は集住地域があるな
　　　ど地域性があると言えます。行政等でさまざまな言語サービス、移民言語
　　　への支援が行われてきましたが、それらはすでに拡大を経て、ピークを過
　　　ぎたのではないかと思っているところです。これまでは支援の主たるもの
　　　は多言語による印刷物でしたが、それが減って、代わってITを活用した
　　　支援や人による対応が増えているのではないでしょうか。減少しました
　　　ね、印刷物は特に。同時に多言語景観も減少してきたのではないかと思い
　　　ます。

藤井：日本の言語景観研究は、庄司さんが『日本の言語景観』（2009年、三
　　　元社）を出版された時ほどはなくなってきたような気がします。

庄司：外国人集住地区になっている地域の役所では、本当に情報が必要なと
　　　ころには通訳を送るなど、人的対応が少しずつ始まっているような気がし
　　　ます。パンフレットがあるから、案内板があるからいいだろう的な対応は
　　　終わったような気がします。
　　　　このように言えるのは、私が2018年にフィンランドに行って、移民対
　　　応の状況調査をしてさらに確信しました。たとえば、行政レベルで用務に
　　　必要な場合、外国語で対応してくれるのですが、移民言語話者の積極的人

材活用が見られますし、それで対処できない場合には公認の通訳が自治体の負担でやってきます。即座というわけではありませんが。さまざまな言語を話せる人が行政の職員として働いているのには驚かされます。日本でも言語サービスを専門に行う組織があります。たとえば兵庫県にはFACIL という多言語サービスを NPO で行っている団体があります。これは多言語による通訳などをボランティアのみに頼るのではなく、行政等の支援も受けながら、半分企業として質の高いサービスを提供しようとする点でうまくいっている例だと思います。これは多くは移民への対応のケースです。このように、観光言語への対応は、公費ではなく事業者がやればいいのではないでしょうか。観光事業の一環として行政がやる場合もあるとは思いますが、それは言語支援とは別レベルの話です。一般市民まで巻き込んで「おもてなし」するというのは、ちょっと行き過ぎのような気がします。

観光立国と言語政策

庄司：近年、観光公害やオーバーツーリズムという言葉を耳にすることが増えてきました。インバウンド急増の問題は、言語政策と結びついています。ただ観光言語学というものが成り立つかどうかはまた別の問題です。観光言語学は政策ではなく、現象を扱うものと考えたほうがいいでしょう。観光言語学の進展の陰で取り残される言語問題の最たるものが、地域言語の問題だと思います。観光客が増大し、経済的なことも関係してくれば、子供たちは地域言語ではなく観光客の言語を学習するようになってしまうかもしれません。

　北欧のサーミ語地域の話をしましょう。今のところサーミ語は学校でも学ばれていますが、もしサーミ語地域に観光客が大量に入ってくるとすれば、サーミ語よりも英語が学ばれるようになるのではないかと思います。今のところはまだそのようなことになってはいませんが、状況次第ではあり得るわけですね。実際にノルウェーのサーミ人多数派地域で、自分は書く場合ならサーミ語より英語のほうが簡単だ、という若い人たちの声を耳にします。また観光言語は、地域言語だけではなく移民言語にも脅威を与

える可能性があります。地域言語よりも移民言語は法的経済的支援が少ないわけですから、子供たちが実利につながりそうな観光言語を学んでいくことも想定されます。

山川：そうですね、その可能性はおおいにあると思います。大学の第二外国語履修でも実利的な傾向は見られますから。

藤井：今回、移民言語と観光言語という言葉を使いながら、庄司博史さんと対談を行いました。これまで、日本社会の中の多言語対応は、地方自治体の窓口や公共交通機関の一部など、限定的な場面で見られるだけでした。それが、観光立国宣言後に外国人観光客が増加すると、これまでとは次元の異なるスピードで多言語対応が進展していきました。移民言語のほうはあまり重視されてこなかったのに、外国人観光客と呼ばれる人々に対する多言語対応・多言語サービス（つまりは観光言語）だと、なぜこんなにも急速に発展するのかと問いたくなるくらいです。近年、観光客と外国人生活者との境界があいまいになってきていることも、移民言語・観光言語の双方を定住性や滞在期間などの点で変質させる要因になっていると思います。観光客受け入れのために充実された言語サービスが移民の生活言語としても活用されるなど、移民言語と観光言語はどんどん接近して同じものになりつつある、とも言えるでしょう。

　生活者であれ、観光客であれ、外国人という存在が日本社会で当たり前になっている現状は、日本の多言語対応・多言語サービスをこれからもどんどん変えていくと考えられます。ITの活用は欠かせないものでしょうが、それと同時に、すべての人の言語権を守る言語政策も必要でしょう。今度の東京オリンピック・パラリンピックのレガシーともなる具体的な多言語政策が必要だと改めて思いました。

　本日は長時間にわたりお時間をいただき、ありがとうございました。

あとがき

　観光と言語に関する書物を出版しようという企画は、日本言語政策学会の分科会「観光と言語」に端を発します。この分科会は 2013 年、桜美林大学で開催された研究大会からスタートしましたが、第 1 回の分科会の参加者は、わずか 3〜4 名でした。東京オリンピック・パラリンピックが決定する直前のことです。すでに訪日外国人旅行者の増加が顕在化していますが、言語系の研究者の関心はさほど高まっていなかったといえます。分科会は藤井久美子さん（宮崎大学）、加藤好崇さん（東海大学）と私で、2017 年まで継続していきました。その間、多言語景観や観光接触場面、地域変容などを取り上げつつ、集う機会を重ねる中で、観光と言語に関する本を出そうという話が進んできました。「爆買い」という言葉が流行語になり、観光と言語の問題領域が認識されるようになりますが、学術的に研究を進めていくにあたり、3 人の共通話題は「観光と言語の落としどころはどこか」ということでした。「観光と言語」という言い方はできても、「観光言語」とか「観光言語学」という表現を使うにはまだ抵抗があったわけです。国内外で観光と言語に関する研究事例もそれほど多くはなく、研究は萌芽的段階にあるといえます。

　しかし、ほどなく「観光言語」を考えていくべき状況が散見されるようになります。東京オリンピック・パラリンピックの開催という大きな目標と合わせて、訪日外客の目標数値が上方修正され、地方創生と外国人誘致が進むことで、国内の至るところで外国人対応が意識され始めました。その中では外国語だけではなく「やさしい日本語」による対応、あるいはまた外国人材の活用が出てきます。そして 2018 年には、通訳案内士、外客誘致法が改正されました。通訳（案内士）といえば、外国語を学習する者にとってある意味で目標となるような難関資格です。それが一気に崩れた印象を持ちました。もう一つの外客誘致法は、外国人の国内移動の容易化を図る目的があるのですが、改正点の一つにトイレの洋式化があげられています。観光の枠組みで日本人の言語教育を強化するなどの施策はなく、このトイレの洋式化はあまりに近視眼的に思え、法律文面を見たとき愕然たる思いを感じました。

そして大学教育の現場は、多言語と言いつつも英語への収斂が否めません。そのような社会の進展に、観光先進国をめざす国の言語政策は、私たちが創出していかなければならないのだと強く感じた次第です。それが2018年でした。さらに、2019年4月には入管法が改正されて、生活する外国人の増加が予想されます。

　こうなると、課題解決型の研究スタイルとして「観光言語」という言い方を名乗ってもよい状況になってきたと考えました。というよりも、観光と言語の課題領域をきちんと示していく必要性があると思います。そもそも日本では、外国人観光客の接遇は通訳案内者やホテルスタッフなど専門家の仕事と思われていましたが、外国人旅行者の急増にともない、一般の人たちがかかわることになりました。それどころか、本書の「はじめに」に書いたように、外国人が日本人を接遇するケースも珍しくはありません。そこでさまざまな課題が表面化してきたのが今日の状況です。

　このような状況の中で、本書は観光と言語の領域で10のテーマを取り上げ、観光と言語に関連する研究をしている方々にご執筆いただきました。第1部では、観光の現場にフォーカスを当てました。第1章では言語景観、特に多言語化の問題に焦点を当てています。第2章では街中での外国人対応の事例として、3つの事例を取り上げています。また、言語の課題を示すものとして、第3章では旅館の接遇と日本語対応、第4章では英語の多様性を示したのちに、タイ人の話す英語について考えています。この視点は重要で、英語には、アメリカ英語、タイ英語、シンガポール英語などさまざまな形があり、複数形を表すEnglishesという考え方を持つべきでしょう。第5章では、外国人が増加したことから地域が言語的にどのように変わってきているのかを取り上げています。

　第2部では政策的な視点から構成しています。第6章では観光施策を概観しました。その中でも通訳案内士に関連する課題を第7章で取り上げました。そして東京オリンピック・パラリンピックを前にさまざまな動きがある様相を、1964年のオリンピックと比較して観光政策を示したのが第8章です。さらに、バリアフリーの問題を第9章で取り上げています。第10章は観光と言語教育について韓国、台湾、ドイツの事例を取り上げています。

　そして第3部では、観光言語の将来として、対談記事を掲載しています。

第 1 部、第 2 部では観光客を迎えるホストの視点で話が進んできましたが、あらためて観光する側から、観光と言語を考えてみようとする対談です。その中ではダークツーリズムや文学散歩の話題も出てきます。接遇するだけではなく、自分が旅行する立場になったとき、観光言語はどのようなものなのかを示しています。もう一つは移住者と観光客という視点で言語をとらえる話題です。社会言語学的な視点から、移民言語と観光言語の比較をしながら、観光言語の特性を示していきます。この観点は、日本の移民政策を再考する、特定技能の在留資格で入国する外国人と協働する、そして言語そのものについての認識を新たにするという視座を示したものになりました。また、本書では、観光に関連する 4 つのコラムを掲載しました。山岳用語、奄美の言葉、ピクトグラム、そして学生の取り組みの紹介です。

　さて、本書で取り上げたテーマが「観光言語」のすべての領域であるとはいいません。たとえば自動翻訳の課題については、観光だけのことではなく外国籍住民とのコミュニケーションも意識されています。技術の進歩が早く、さまざまな企業がそれぞれに特徴的なサービスを提供していることから、それらを網羅的に取り上げるのが難しく、公平性の観点からも自動翻訳のテーマを本書で取り上げることを留保しました。また、場面という点では、小売業をはじめ、空港や警察、救急医療などの現場でのやりとりも取り上げていません。これは企画段階から事例集としてノウハウ本にはしないという意識があったからです。

　観光の現場に立っている方々からは、事例がほしいという声が聞こえてきそうですが、観光言語の課題領域を概観してきましたので、長期的な視点で人材育成に本書が何かしらのヒントを与えることになれば幸いです。

　最後に、本書の出版が予定より遅れてしまいました。ひとえに編者の責任であります。ご協力いただいた著者の皆さん、そして何よりもくろしお出版の坂本麻美さんには、いつも温かく見守っていただきました。書面を借りて皆様に感謝申し上げます。

2019 年 11 月

編著者　山川和彦

索 引

執筆者一覧

あべ やすし（ABE Yasusi）

愛知県立大学非常勤講師、日本自立生活センター常勤介助者。専門は、識字研究、障害学。第9章担当。

加藤好崇（かとう・よしたか）

東海大学国際教育センター教授。専門は、日本語教育学、社会言語学。第3章担当。

高 民定（こう・みんじょん）

千葉大学国際教養学部准教授。専門は、社会言語学、日本語教育。第10章担当。

庄司博史（しょうじ・ひろし）

国立民族博物館名誉教授。専門は、言語学、移民政策論。第12章担当。

田中直子（たなか・なおこ）

北星学園大学短期大学部准教授。専門は、通訳教育、英語教育。第7章担当。

ポール・ハガート（Paul HAGGART）

ツーリズム・コンサルタント、NPO法人コンベンションネットワーク札幌理事。巻頭対談担当。

橋内 武（はしうち・たけし）

桃山学院大学名誉教授。専門は、社会言語学、言語政策。第11章、コラム1、コラム2、コラム3担当。

藤井久美子（ふじい・くみこ）

宮崎大学多言語多文化教育研究センター教授。専門は、社会言語学、観光と言語。第1章、第8章、第10章、第12章担当。

藤田玲子（ふじた・れいこ）

成蹊大学経営学部教授。専門は、英語教育、観光教育。第2章、第7章担当。

本田量久（ほんだ・かずひさ）
東海大学観光学部教授。専門は、観光社会学、社会学史研究。第 2 章担当。

宮本節子（みやもと・せつこ）
相模女子大学学芸学部准教授。専門は、社会言語学、英語教育。第 4 章担当。

村田和代（むらた・かずよ）
龍谷大学政策学部教授。専門は、社会言語学。コラム 4 担当。

森越京子（もりこし・きょうこ）
北星学園大学短期大学部教授。専門は、観光ホスピタリティ教育、英語教育。第 7 章担当。

山川和彦（やまかわ・かずひこ）＊
麗澤大学外国語学部教授。専門は、観光と言語の関連領域研究、言語政策。巻頭対談、第 1 章、第 5 章、第 6 章、第 10 章、第 11 章、第 12 章担当。

渡辺幸倫（わたなべ・ゆきのり）
相模女子大学学芸学部教授。専門は、多文化教育、英語教育。第 4 章担当。

＊は編者。所属は 2020 年 4 月現在。

[編者紹介]

山川和彦（やまかわ・かずひこ）

麗澤大学外国語学部教授。日本言語政策学会会長。筑波大学大学院地域研究研究科修了。西武百貨店旅行事業部、水戸芸術館を経て現職。専門は、観光と言語の関連領域研究、言語政策（イタリア・南チロルなど）。学生・留学生の観光インターンシップ、地域との連携実習を実践している。共著に『多言語主義社会に向けて』（くろしお出版）、『ヨーロッパ（講座世界の先住民族　ファースト・ピープルズの現在）』（明石書店）、『ウィーン・オーストリアを知るための57章［第2版］』（明石書店）などがある。

観光言語を考える

発　行	2020年6月27日　初版第1刷発行
編　者	山川和彦
発行人	岡野秀夫
発行所	株式会社くろしお出版

〒102-0084　東京都千代田区二番町4-3
TEL: 03-6261-2867　FAX: 03-6261-2879
URL: http://www.9640.jp　e-mail: kurosio@9640.jp

装　丁	工藤亜矢子（OKAPPA DESIGN）
印刷所	株式会社三秀舎